귀신과 트라우마
한국 고전 서사에 나타난 귀신 탐색

국립중앙도서관 출판시도서목록(CIP)

귀신과 트라우마 / 한국 고전 서사에 나타난 귀신 탐색 / 윤혜신.
— 서울 : 한국방송통신대학교출판부, 2010
p. ; cm. — (아로리총서. 016, 우리 역사와 문화 ; 2)

참고문헌 수록
ISBN 978-89-20-00002-7 04080 : ₩5900
ISBN 978-89-20-92820-8(세트)

귀신[鬼神]

187.4-KDC5
133.42-DDC21   CIP2010000788

귀신과 트라우마
- 한국 고전 서사에 나타난 귀신 탐색

ⓒ 윤혜신, 2010.

2010년 3월 15일 초판 1쇄 펴냄
2014년 2월 1일 초판 2쇄 펴냄

지은이 | 윤혜신
펴낸이 | 장시원

기획 | 김정규
편집 | (주)동국문화
표지 디자인 | 김명혜
표지 일러스트 | 이오
인쇄 | 전광인쇄정보(주)

펴낸곳 | (사)한국방송통신대학교출판문화원
등록 1982년 6월 7일 제 1-491호
주소 서울특별시 종로구 이화장길 54 (우)110-500
전화 (02)742-0951
팩스 (02)742-0956
홈페이지 http://press.knou.ac.kr

〈지식의 날개〉는 한국방송통신대학교출판문화원의
교양도서 브랜드입니다.

아로리총서 : 우리 역사와 문화-2

귀신과 트라우마
한국 고전 서사에 나타난 귀신 탐색

윤 혜 신

시작하며

커피 한 잔을 쥐고 소파에 앉아 TV를 켜자, 제니퍼 러브 휴이트가 영혼과 대화하며 열연하고 있다. 미국 TV 시리즈 「고스트 위스퍼러(Ghost Whisperer)」. 영혼을 볼 수 있는 멜린다는 영혼의 사연에 동정 어린 시선을 보낸다. 얼마 전 동생이 재미있다며 보내온 일본 애니메이션 「모노노케(モノノ怪)」에서는 약장수가 사연 있는 귀신들을 찾아다니며 내력을 듣고는 이승을 떠나게 만든다.

이처럼 현대에도 여러 나라에서 여전히 귀신 이야기가 왕성하게 만들어지고 있다. 이러한 상황은 우리나라에서도 마찬가지다.

늘어뜨린 머리, 창백한 푸르스름 사이로 보이는 예쁜 얼굴, 싸늘한 시선, 하얀 소복 위로 점점이 뿌려진 피 얼룩, 손에는 칼을?

몇 년 전까지 내 머릿속 '귀신'의 영상은 위와 같은 처연한 표정의 여자 귀신이었다. 당신이 상상하는 귀신의 이미지는 무엇일까 궁금하다. 혹시, 내 머릿속 이미지와 비슷하지는 않은가? 그러나 이러한 이미지는 귀신서사를 연구하게 되면서 바뀌기 시작했다.

개인적인 이야기를 하자면, 귀신 연구를 시작한 것은 자의만은 아니었다. 워낙 겁이 많아서 귀신이나 샤머니즘 관련 연구는 엄두도 내지 못했다. 정확히 말하자면 일부러 모르는 척했다. 그러던 중 한 연구소 공부 모임에서, 오로지 '신화'를 전공했다는 이유로 초월적 존재의 한 부류인 '귀신'의 서사 연구를 맡게 되었고 이것이 계기가 되어 이 분야의 연구를 시작하게 되었다.

한심하고 우스울지 모르겠지만, 오후 5시가 넘으면 귀신서사 연구는 하지 않았다. 하지 않은 것이 아니라 못했다. 아무리 단순한 귀신서사도 혼자 있는 연구실에서는 엄청난 힘을 발휘하였다. 퓨전 귀신은 모르겠지만 정통적인 귀신은 혼자 있는 사람에게만 나타나니까. 또 학교라는 공간은 귀신이 좋아하는 장소가 아닌가. 뒷덜미가 당겨서 자꾸 뒤를 돌아보곤 했다.

이러한 두려움과 불안 같은 심리적 증상은 공부를 하면서 눈에 띄게 변했다. 자료를 광범위하게 살펴보면서 새로운 사실들을 깨달았기 때문이다. 시간적 흐름에 따라 귀신의 외적 이미지가 변화하고 있으며 내적 의미도 같지 않다는 사실을 알았다. 또 귀신의 형상에는 귀신이 아니라 인간의 내면이 담겨 있었으니 귀신을 이해하는 것은 한편 우리 인간을 이해하는 일이라는 사실을 깨닫게 되었고, 그 이후 여유로운 마음을 가질 수 있었다.

이 글은, 귀신서사를 연구한 경험을 바탕으로 다각도에서 그리고 실용적인 방향에서 귀신서사를 조명해 보려는 것이다. 간단히 말하면 '한국 고전 서사에 나타난 귀신 탐색'이 되겠다. 이 글은 질문에 답하는 형식으로 이루어질 것이다. 준비운동격의 도입부인 1장에서는 귀신과 관련하여 현대 우리 인간의 이모저모를 살펴보겠다. 일종의 현황 파악이다. 왜 첨단 과학기술이 넘치는 현대에도 우리는 귀신이 있을까 없을까를 질문하며 뒤를 돌아볼까? 또 이제 그만 나와도 될 것 같은 귀신서사는 왜 아직도 판타지, 게임 시나리오, 영화에서 만들어지는 걸까?

본격 탐색을 시도하는 2장, 3장, 4장에서는 한국 고전 서사 작품을 중심으로 귀신의 이모저모를 살펴보겠다. 2장에서 귀신의 이미지와 유형을 정리해 보고 3장에서는 귀신이 왜 저승으로 안 가고 자꾸 인간 세상에 나타나는지 그 이유를 알아보고 싶다. 귀신이 인간 사회에 나타나는, 출현 목적이 무엇인지 궁금하다.

3장에서 귀신에 초점을 맞춰 탐색했다면 4장에서는 인간에 초점을 맞춰 탐색하겠다. 귀신이란, 귀신을 만나는 인간이 있어야만 존재할 수 있으므로 귀신을 만나는 인간의 시선은 언제나 중요하다. 귀신을 바라보는 인간의 시선은 어떠하며 그 스펙트럼의 범위는 어느 정도일까? 귀신을 보는 인간의 시각과 정서를 알아본다.

5장에서는 앞의 논의를 기반으로 귀신에 대한 시각을 종합적으로 정리해 보겠다. 인간에게 귀신의 의미, 끝나지 않고 계속 만들어지는 귀신서사의 특징을 점검해 볼 계획이다.

한참 달려왔으니 6장에서는 긴장을 풀고 여유를 가져 보자. 한반도를 넘어 다른 문화권의 귀신서사는 어떠한 성격을 갖고 있는지 살짝 맛보고 싶다.

어떤 존재가 귀신인가? '귀신'의 개념을 규정하고 시작해야 다른 존재와 혼동하지 않을 것이다. 가장 일반적인 개념은 무엇일까? 사전을 찾아보니 사람이 죽은 뒤에 남는다는 넋, 사람에게 화(禍)와 복(福)을 내려 준다는 신령(神靈)으로 나온다. 즉 영혼과 신령이 된다. 그런데 자료에서 귀(鬼)란 개념은 영혼과 신령에만 적용되지 않는다. 그 외의 존재가 있다는 말이다.

개념을 규정해 보자. 비가시적 존재? 아니, 많은 경우 귀신은 눈에 보이는 가시적 존재이다. 그렇다면 악한 영혼? 악하지도 않고, 영혼도 아닌 존재가 있으므로 악한 영혼이라고 규정하기도 어렵다.

앞으로 연구가 깊어지면 귀신의 개념이 정교해지겠지만 일단 이 글에서는 다음과 같은 존재를 귀신으로 보겠다. 귀신은 ① 인격성을 기반으로 한, ② 착한 신[善神]이 아닌 인간에 대한 파괴적 성향을 가진, ③ 초월적 존재이다. 위 세 조건을 다 만족시키지 않아도 ④ 당대 사람들이 '귀(鬼)'로 표현한 대상이다.

샤머니즘에서 숭상하는 각종 신적 존재는 귀신보다는 신에 가까운 것으로 판단되므로 여기서는 다루지 않는다. 그리고 민속상의 귀신은 상당히 방대한데 문학에 나타난 귀신과는 별도로 다루는 편이 체계적일 것으로 판단하여 여기서는 문학텍스트를 중심으로 한 귀신만을 연구대상으로 삼는다. 또한 귀신은 인간 정신과 관련된 현상이므로 정신분석학의 이론에 의해 설명이 가능하다. 이 글에서 자료를 해석하는 이론적 근거와 명제는 라캉주의를 기준으로 하고 프로이트 이론을 보조적으로 적용하였다.

차 례

시작하며   4

chapter 1
시작 : 귀신이 무서워!

chapter 2
탐색-1 : 귀신, 어떻게 생겼지? 그리고 유형은?

1. 고려 이전   20
   자연귀   20
   살아 있을 때와 흡사한 영혼   25
   불교와 함께 도입된 귀신   27
   귀신 쫓는 귀신   34

2. 고려의 귀신   36
   귀신은 못생겼다   36
   일상적 사물이 귀신이 된 사물귀   38

3. 조선의 귀신   42
   트라우마를 지닌 영혼   42
   사물성과 인격성을 가진 물괴   43

chapter 3
탐색-2 : 왜 나타날까?

1. 파괴   50
2. 보호와 감사   59
   보호   59

감사	60
3. 트라우마 치유 추구 : 치유, 복수, 방황	61
치유	63
복수	75
방황	78

chapter 4

탐색-3 : 귀신을 보는 인간의 시선은?

1. 두려움	87
파괴에 대한 두려움	87
의연함 뒤에 숨은 두려움	92
2. 불안	103
3. 이해와 소통	108
이해	109
소통과 트라우마의 치유 돕기	116
4. 거리 유지	128
5. 상대 이용	131

chapter 5

이해 : 현대인인 나에게 귀신은?

1. 낯익은 것이 낯선 것이 되는 경험	138
2. 귀신이 상상되는 이유는 무엇일까?	142
3. 귀신을 두려워하지 않으려면	144

4. 귀신 이야기는 왜 지금도 만들어질까? 149
5. 귀신 외의 귀신 150

chapter 6
여유 : 다른 문화권의 귀신은 어떤 모습일까?

1. 모노노케가 된 강렬한 질투 157
2. 사랑스러운 엽기성 167
3. 악한 영혼, 그렌델 181
4. 마무리 184
   귀신서사 속의 귀신 185
   상상의 역할 185
   한반도 귀신의 유형 186
   귀신서사의 주제 186
   귀신서사의 고유한 특징 187
   같으면서 같지 않은 다른 문화권의 귀신 187
   여행의 끝에서 188

이미지 출처 190
현대 한국어 번역에 참고한 문헌 191
참고문헌 192

chapter 1

시작 :
귀신이 무서워!

chapter 1
시작 : 귀신이 무서워!

현대에도 계속 들려오고 만들어지는 귀신 이야기.

밤 10시가 넘은 시각. 창 밖은 밤의 어두움으로 가득하다. 연구실에서 귀신과 관련된 자료를 읽고 있는데 전화가 온다. 중학생인 큰 아이다.

"엄마, 무서워 죽겠어. 오늘 학교에서 귀신 이야기 들었는데 그거 아세요? 아파트 귀신 이야기, 군대 귀신 이야기."

무섭다면서 호들갑이다. 아파트 귀신 이야기가 이 세상에서 제일 무서운 귀신 이야기일거라나. 그 말을 듣고 있노라니 어렸을 때 보았던 TV 예능 프로그램이 떠오른다. 여름이어서인지 납량 소재를 다루었나 보다. 거기서 몇몇 이야기를 듣고 두려움에 떨었던 기억이 있다. 뭐, 이런 이야기들이다. 사진 속에 귀신이 있다거나 뭔 가수의 노래 속에 귀신 소리가 들린다는 이야기. 이런 이야기는 상상력 뛰어난 나의 머리털을 곤두서게 했다.

이 생각을 떠올리고 있는데 갑작스러운 노크.

'똑똑.'

다년간의 귀신서사 연구로 꽤 심장이 튼튼해졌지만 이번엔 나도 모르게 움찔한다. 왜냐하면 지금은 일요일, 그것도 늦은 시간이기 때문이다. 아까 화장실 갈 때 보니 같은 층에 불빛이라고는 아무데도 없었는데.

'똑똑.'

다시 노크 소리가 들리자 내 의지와 상관없이 정신이 아득해진다. 겨우 마음을 추스르고 아무렇지도 않은 듯 묻는다.

"누구세요?"

모르는 꼬마의 얼굴이다. 그 뒤에 우리 학교 선생님.

잠들기 싫은 초등 2학년 아이는 아버지를 졸라 밤소풍을 나온 터. 그러던 차에 불빛이 내비치는 연구실의 문을 두드린 것이었다. 꼬마 손님은 연구실에 놓인 이것저것을 구경하고 책장에서 책을 꺼내보았다. 아버지인 학교 선생님은 난처한 표정을 지으셨지만, 나는 일상에서 벗어난, 자잘한 사건을 좋아하는 터라 기분이 나쁘지 않았다.

"혼자 다니면 되지, 꼭 아빠와 같이 다니려고 해."

아버지는 지나가는 말로 했는데 아이는 너무나도 진지한 표정으로 대답한다.

'무섭단 말야. 귀신 나올지도 모르는데 어떻게 혼자 다녀.'

이 표정을 보니 빙그시 웃음이 나온다. 이 말은 어린 시절, 나의 말이기도 했으니 초등학생 시절, 학교에 출몰한다는 여러 종류의 귀신을 상상하면서 두려움에 떨지 않았던가. 이어 꼬마는 내게 물었다.

"귀신 진짜 있어요?"

내가 대답을 안 하고 조용히 웃자, 아이는 눈길을 돌리더니 스스로 답을 했다.

"있을거야."

그러더니 눈을 동그랗게 뜨고 다시 물었다.

"진짜 있어요?"
그렇게 확인하고 싶을까. 너무 진지해서 웃을 수밖에 없었다.
"있다고 믿으면 있어요."
라고 했더니 아이는 금세 독백을 했다.
"없다. 없어. 귀신 없다."

한 학생이 학업상담을 위해 연구실을 찾아왔다. 상담을 마칠 무렵, 남은 질문이 있는지 물었다. 그랬더니 그 학생은 전혀 예상하지 못한 주제의 질문을 했다.
"귀신이 있나요? 무서워서요."
"밤에 무서워서 불도 못 끄고 자요. 불을 끄면 너무 무서워서요."
갑작스러운 질문에 당황스러웠지만 그 심리가 잘 이해되었다. 나 역시 어른이 된 20대 후반에도 귀신이 두려워 어렵게 잠들곤 했다. 작은 소리에도 놀라 깼으며 의심의 눈초리로 주위를 살피다가 귀신을 피한답시고 이불을 뒤집어쓰기 일쑤였다.

중장년의 성인 한 분도 어느 날 '진짜 귀신이 있느냐'고 물었다. 지난밤, 밤새 복도를 걸어 다니는 소리에 시달렸다고. 그래서 전깃불을 켜고 TV를 보면서 두려움을 달랬다고 했다.

우리는 보지도 못한 귀신을 왜 이리 무서워할까?
왜 우리는 귀신이 있다고 생각할까?
왜 귀신이 있는지 없는지 알고 싶어할까?

귀신은 언제나 평범한 시간과 장소를 낯설게 만들어 예상치 못한 순간과 끔찍한 공간으로 전환시킨다. 잘 작동되던 형광등은 껌 벅거리고 별 잘못 없는 사람들이 피해를 당한다. 이유를 알지 못하는 일들이 계속 발생한다.

생명체 복제, 인공지능을 갖춘 로봇, 양자 컴퓨터, 우주의 빅뱅 직후를 재연할 수 있는 입자가속기같이 엄청난 신기술이 개발되고 있는 현대에도 왜 여전히 귀신서사는 지속적으로 생산되고 있을까?

귀신이 있는지 없는지에 대한 질문은 우리 **삶의 조건**과 연결되어 있기 때문에 끊임없이 **지속적으로 묻게 된다.** 삶과 죽음의 **경계에서 초월적 존재에 대한 물음이 생긴다.** 자의(自意)와 무관하게 인간은 세계에 태어나고, 또 자의와 무관하게 세계에서 배제된다. 이는 누구도 피할 수 없는 운명이다. 아이였을 때, **죽음**이라는 현상을 처음 심각하게 알았을 때 어땠는가. 나는 끝없는 지점으로 추락하는 듯한 심리적 고통을 느꼈다.

초월적 존재에 대한 관심은 자기 삶의 기반이나 조건을 돌아보고 생각한다는 뜻이다. 나와 세계의 관계를 살펴보고 의문을 갖게 된다. 신이 있을까, 귀신이 있을까, 질문하는 사람은 정서적으로 예민한 사람이다.

삶과 죽음, 인간과 세계의 관계와 같은 원초적 문제에 대해 어떤 의문도 갖지 않고 어떤 질문도 하지 않고 살 수도 있다. 이러한 의문에 둔감한 사람들은 신, 귀신과 같은 초월적 존재에 시간과 노력을 들이느니 개인적 업무, 바쁜 일상에 묻혀 지내는 편이 훨씬 유익하다고 생각한다.

문제는 이것이다. 살아있는 동안 원초적 조건에 대해 질문하지 않거나 생각하지 않고 피할 수는 있지만 언젠가는 **죽음**이라는 사건을 통해 우리는 원초적 조건과 마주칠 수밖에 없다. 피할 수 없다는 점이 문젯거리가 된다. 이 지점에서 우리의 원초적 조건에 대해 적합한 가치관을 가질 필요가 생긴다.

귀신은 인간이 죽음을 두려워하고, 인간의 정서가 연약하거나 둔감하다는 사실을 잘 알고 있다. 그래서 그 틈새에 침입하려고 한다. 두려운가. 그렇다. 귀신은 이 책을 읽고 있는 당신을 바라보고 있을지도 모른다. 뒤를 조심하라. 바로 뒤! 언제나 귀신은 시선이 닿지 않는 곳, 뒤통수를 노리는 법.

언제까지 두려워할 텐가. 언제까지 전깃불도 끄지 못하고 이불 속으로 피신할 수 있을까. 두려움에서 벗어날 기회를 만들어 보자. 노력을 기울인다고 해서 두려움에서 벗어날 수 있을지 없을지는 아직 확신할 수 없지만, 시도해 보지 않는다면 기회도 없을 것이다.

차분한 마음으로 귀신에 대해 알아보자. 세계의 불가사의, 귀신을 탐색하는 여행을 떠나보자. 홀로 있는 밤에도 두려움 없이 초롱한 눈으로 칠흑의 어두움을 대할 수 있는 심장을 위하여 출발해 보자. 같이한다면 두려움이 덜하지 않겠는가. 여행을 마친 다음에는 귀신이 나타난다 해도 놀라지 않고 악수를 청할지도.

어디서부터 시작할까? 대상을 이해하기 위해서는 알 수 있는 것부터 시작하는 게 마땅하다. 관련된 지식을 쌓는 것으로부터 시작하면서 동서고금의 현자들이 그러해 왔듯이, 강도 높은 질문을 해 보자. 귀신은 어떻게 생겼는지, 귀신은 왜 나타나는지, 귀신에 대한 인간의 정서는 무엇인지에 대한 답을 찾아보자. 그러고 나면 귀신에 대한 종합적 결론을 내릴 수 있을 것이다. 그리고 여유를 부리면서 다른 문화권의 귀신 이야기도 알아보자.

자, 느긋하게 마음먹고 다음 장으로 넘어가기 전에 커피 한잔.

이 글을 쓰면서 마신 커피. 커피는 밤처럼 까맣지. 난 이 색이 정말 좋다.

chapter 2

탐색-1 :
귀신, 어떻게 생겼지?
그리고 유형은?

chapter 2
탐색-1 : 귀신, 어떻게 생겼지? 그리고 유형은?

귀신은 어떻게 생겼을까? 무슨 옷을 입고 어떤 머리를 했을까. 잘 생겼는가? 못 생겼는가? 이것도 궁금하다. 귀신은 한 종류가 아니라 여러 종류가 있는데 얼마나 많을까? 두 질문, '귀신은 어떻게 생겼고, 어떤 유형이 있을까?'에 대한 답을 찾아보자.

귀신은 시간의 흐름을 따라 그 외형도 변했다. 오늘날 우리가 알고 있는 귀신이 인류문명 초창기에도 있었을까? 그렇지 않다. 옛날 귀신과 현대 귀신이 다르다는 사실은 귀신의 실체가 처음부터 붙박이처럼 정지된 것이 아니라, 우리 인간이 '귀신은 이러할 것이야.'라고 상상해왔음을 뜻한다. 자, 시간의 흐름에 따라 귀신의 변화를 살펴보고 귀신의 유형을 갈무리해 보자.

1. 고려 이전

자연귀(自然鬼)

문명 초기부터 인간은 외부 세계에 관심이 많았다. 최초의 신앙 대상은 자연물이었고 귀(鬼)와 신(神)은 딱히 분리되지 않았다.

한반도 사람들은 식물과 동물, 하늘의 별 같은 자연물을 섬기면서 '귀(鬼)'라고 하거나 '신(神)'이라고 하였다.

나무 귀신을 섬긴 마한(馬韓)에서는 커다란 나무에 방울과 북을 달아 놓고 이름 붙이기를 '소도(蘇塗)'라 하였다. 방울과 북을 달았다고 하니, 나무에서 소리가 났을 것이고 소리는 신의 세계, 신성(神性)을 상기시키는 매체 역할을 했을 것이다. 서기 100년 전의 기록이므로 그 전부터 자연물 신앙이 있었을 것이다.

소도에 어떤 방울을 달았을까? 어떤 방울을 달았을지 유물을 통해 유추해볼 수 있지 않을까. 현재 전하는 청동방울을 통해 그 모습을 상상해볼 수 있다. 다양한 모습의 방울이 있다. 아래는 기원전 3세기 후반의 것으로 추정되는 청동방울이다.

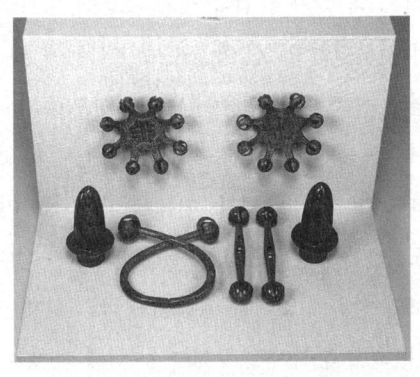

〈그림 1〉 전 덕산 청동령 일괄(傳 德山 靑銅鈴 一括)

눈으로 보이는 것 너머의 세계를 읽고 싶어했던 사람들은 동물도 생물학적 동물, 그 자체로 보지 않고 신성(神性)과 연결지었다. 예(濊)에서는 호랑이를 위한 사당을 짓고 신으로 섬겼다고 하며 고구려 벽화나 신라의 토기 등에는 두꺼비, 까마귀, 닭, 말 등 신적 속성을 지닌 여러 동물이 그려져 있어 자연물 신앙이 상당히 일반적이었음을 알 수 있다.

문명 초기, 이 자연신들은 악신(惡神)이라고 하기 어렵다. 소도가 '귀(鬼)'로 불리웠지만 악한 신이었을까? 그러한 근거는 찾기 어렵다. 오히려 기능상, 공동체의 정체성과 강력히 연결된 만큼 인간에게 우호적인 신, 착한 신(善神)의 기능을 하였다. 오늘날 우리는 신과 귀신을 사뭇 다른 존재로 생각하지만 당시, '신(神)'과 '귀(鬼)', '귀신(鬼神)'의 의미는 딱히 구분되지 않았다. 소도와 호랑이신은 각각 '귀'와 '신'으로 달리 표현되었지만 공동체 구성원의 정체성과 연결된 존재라는 점에서는 같은 기능을 한다. 문명 초기, 인간은 강한 힘을 가진 존재, 신성을 상기시키는 자연물을 신으로 믿고 경외하면서 '신', '귀', '귀신' 등으로 표현하였다.

시간이 흘러 고대 국가의 건국 시기 즈음에 이르러서는 '신'과 '귀'의 개념이 구분되었고 '신'이 '귀'보다 상위에 있는 것으로 인식되었다. 「단군 신화」에서 환웅이 인간세상으로 내려올 때 혼자 오는 것이 아니라 풍백(風伯), 우사(雨師), 운사(雲師)와 같은 초월적 존재를 데리고 오지 않는가. 이본에 따라서는 이들을 귀(鬼)로 표현하기도 한다. 그렇다면 신이 귀를 통솔하는 것이 된다.

신이 귀신보다 상위에 있다는 설정은 중국의 황제(黃帝) 설화에서도 드러난다. 최고 통치자인 황제는 두 형제 신에게 귀신을 통제하도록 명을 내린다. 그리하여 형제신, 신도(神荼)와 울루(鬱壘)는 인간세계를 떠도는 귀신을 다스리는 임무를 수행한다.

'자연귀', '자연신'이든 어느 편이든 간에 자연물에 대한 관념을 유물을 통해서 짐작할 수 있다. 동물이나 식물을 그린 벽화, 제품들은 자연물에 대한 그들의 정서를 암시한다.

호젓이 박물관 전시실을 거닐며 이러저러한 유물을 관람하던 어느 날, 한 토기에서 자연물에 대한 그들의 관념과 정서를 발견할 수 있었다. 상서로운 동물 모양이라는 뜻의 '서수형(瑞獸形) 토기'로 불린다. 실제의 동물 형상과 상상이 결합되어 있다. 실제의 동물 형상으로는 거북의 등을 본떴으며 머리와 꼬리는 상상적으로 구성했다. 어떤 이는 이를 용이라고 한다. 용이든 아니든, 상상적 동물임에는 틀림없다.

어느 문화권이든 문명 초기의 조각 유물을 본 적이 있는가. 얼굴을 떠올려 보라. 대부분 입을 벌리고 두툼한 혀를 쫘악 내밀고 있지 않은가. 이 상상의 동물도 입을 쩍 벌리고 혀를 아래로 길게 내밀고 있다. 눈은 돌출되어 있고 목, 등, 꼬리에 뾰족한 지느러미가 달려 있다. 등에 액체를 부을 수 있는 깔대기가 달려 있고 가슴에는 대롱이 치솟아 있어 종교적 의기의 면모를 보여준다. 이 지점에서 탈해 신화의 한 대목이 떠오른다. 탈해가 하인에게 뿔잔을 주면서 우물에서 물을 떠오라고 했다. 뿔잔은 각배형 토기류가 아닐까. 물과 의례용 그릇은 불가분의 관계였다.

서수형 토기의 몸통에 달린 여섯 개의 고리는 몸통의 밋밋한 느낌을 없애고 화려한 효과를 자아내며 당대의 미감을 보여준다. 신라 유물은 작은 것들이 주렁주렁 달려 있는 것이 많다. 금관도 그렇지 않은가. 황금과 옥으로 찬란한 금관에도 숱한 자연신 관념이 매달려 있다. 금관의 틀에 꽤 많이 달린 작고 둥근 조각판을 떠올려 보라. 무엇이 연상되는가. 조각판은 솜솜한 나뭇잎을, 부드럽게 안쪽으로 구부러진 모양의 곡옥은 다시 차오를 하늘의 달을, 날 출(出)자 모양 금관의 윤곽은 사슴 뿔을, 옆의 금막대는 자연스럽게 자란 나뭇가지를 충분히 닮았다. 이렇게 형상 조각은 실제의 동식물에 상상이 가미되고 당대적 미감으로 표현된다.

신의 세계에 닿고 싶었나 보다. 더구나 서수형 토기는 무덤에 들어 있었던 것이니 죽은 자와 같이 길을 떠났을 것이다. 자, 이제 상서로운 동물형과 종교 의례를 치르는 토기가 결합된 서수형 토기를 감상해 보자.

〈그림 2〉 상상과 실용이 결합된 서수형 토기(국립경주박물관 소장)

이 밖에도 동식물과 상상이 결합된 유물이 적지 않다. 하늘을 나는 말, 천마도가 생각난다. 5~6세기의 신라 무덤에서 발견된 이 그림에서 공중을 날아오르는 말은 역동적이면서도 부드럽다. 윤곽선에서 얼핏 상반된 것처럼 보이는 부드러움과 힘의 미학을 동시에 느낄 수 있다. 담담히 아름답다.

흰 말은 자연신 신앙의 일면을 보여 준다. 이 말은 무덤의 주인을 다른 세상으로 인도할 것이다. 신라 혁거세왕의 신화에도 왕의 출현을 알리는 신적 동물로 말이 등장한 바 있다. 또 고구려 금와왕 신화에도 말이 금와왕의 출현을 알리고 있다.

사람들은 자연물의 실제 모습을 그대로 모사하지 않았다. 어떤 특징을 부각시키거나 실제의 모습에 상상을 결합시켰다. 부각된 특징과 상상된 모습은 당대 사람들이 긍정적으로 여겼던 가치를 따른다.

살아 있을 때와 흡사한 영혼

귀신의 고전적 유형 중 하나가 영혼(靈魂)이다. 삼국시대의 서사에 영혼 이야기가 나온다. 고구려 유리왕을 병들게 한 탁리와 사비의 귀신, 도화녀를 사랑하여 죽어서도 찾아온 진지왕, 최치원과 하룻밤의 인연을 맺은 두 처녀는 모두 영혼이다. 이들의 외모는 보통 인간과 다를 바 없고 행동도 인간과 다를 바 없다. 심지어 인간과 똑같이 육신도 있어서 섹스를 하기도 한다.

「최치원(崔致遠)」에 두 여귀가 나오는데 아주 예쁘다. 남자 주인공인 최치원은 그들의 정체가 귀신인 줄 알면서도 전혀 두려워하지 않는다. 두려워하기는 커녕 몹시 기뻐한다.

> 오래도록 소식이 없어서 짧은 노래를 읊조렸는데 마칠 때쯤 갑자기 향기가 나더니 한참 후에 두 여자가 나란히 나타났다. 정녕 **한 쌍의 투명한 구슬 같았고 두 송이 단아한 연꽃 같았다.** 치원은 마치 꿈인 듯 놀라고 기뻐 절하면서 말하였다.
> "치원은 섬나라의 미천한 태생이고 속세의 말단 관리라, 어찌 외람되게 선녀들이 범부(凡夫)를 돌아볼 줄 생각이나 했겠습니까? 그냥 장난으로 쓴 글인데 문득 아름다운 발걸음을 드리우셨군요."
> ―「최치원(崔致遠)」, 『태평통재(太平通載)』 68권.

투명한 구슬과 연꽃처럼 예쁜 여귀는 사람과 다를 바 없다. 여귀의 출현에 감동한 최치원은 이내 곧 두 여귀를 꾀기 시작한다. 요즘말로 '작업'에 해당하겠다.

신적 존재로 여겨졌던 동물이 시간이 흐르면서 점차 신성(神性)을 잃는다. 동물도 사람처럼 죽어 영혼이 되는 것으로 여겨졌다. 700년대 배경의 신라 김대성 설화에는 곰이 죽어 귀신으로 나타난다.

> 대성이 자라서는 사냥을 좋아했는데 하루는 토함산에 올라가서 곰 한 마리를 잡고 산 밑 마을에서 잤다. 꿈에 **곰이 귀신으로 변하여 책망하기를,**
> "어찌 네가 나를 죽였느냐? 거꾸로 내가 너를 잡아먹겠다."
> 고 하니 대성이 두려워서 용서해 주기를 부탁했다.
> "네가 나를 위해 절을 짓겠느냐?"
> 고 하니 대성이 그렇게 하겠다고 맹세하고 깨어 보니 땀이 요를 적셨다. 그 뒤로는 사냥을 금하고 곰을 위해 곰 잡았던 곳에 장수사(長壽寺)를 세웠다.
> ―「대성효이세부모(大城孝二世父母) 신문대(神文代)」, 『삼국유사』

살아서 말하지 않던 동물이 죽어서는 말을 한다. 영혼 상태에서의 자기 표현이 생존 시보다 더 자유롭다고 생각했던 것으로 보인다. 또 귀신의 의지에 따라 인간 생명을 빼앗을 수 있다고 보았다.

불교와 함께 도입된 귀신

악신(惡神)

불교가 들어오면서 새로운 유형의 귀신이 소개되었고 선악(善惡)의 눈으로 귀신을 보게 되었다. 인도에서 시작된 불교는 중국을 거쳐 한반도에 300년 전후에 들어와 새로운 유형의 귀신을 소개하였다.

불교 도입 이전, 신화적 세계관의 영향 아래에 있던 신들은 강력했지만 악하다거나 선하다거나에 대한 평가는 딱히 없었다. 그러나 불교는 '불법을 수호하는가, 수호하지 않는가'에 따라 귀신을 긍정적인 귀신과 부정적인 귀신으로 나누었다.

인도의 힌두교에 뿌리를 둔 '나찰'이 대표적인 악신이다. 나찰(rāksasa)은 변화무쌍하게 변신하는 악신이었고 문학작품에도 꽤 출현하였다.

귀신에 대한 가치평가가 분명해지면서 불교적 세계관에 부합하지 않은 귀신은 부정적으로 평가되었다. 불법을 수호하는 사천왕은 악귀를 제압하는 모습으로 절 입구에 세워졌으며 악귀는 사천왕의 제압 아래 괴로워하였다. 600년대 말 경주에 창건된 사천왕사 터에서 나온 사천왕상 부조를 보면 사천왕의 발 밑에 눌려 꼼짝하지 못하는 귀신이 보인다. 다음 쪽의 〈그림 3〉과 〈그림 4〉를 보라.

불교는 국교로 인정되기까지 여러 장애가 있었으나 일단 수용되자 그 전의 샤머니즘을 대대적으로 교체하였다. 인성(人性) 신성(神性)이 연결되어 있다고 생각했던 시대의 세계관은 부처를 정점으로 하는 불교적 세계관으로 대치되었다. 가장 높은 신이었던 하늘신은 부처 밑에서 불법을 위해 일하게 되었다.

〈그림 3〉 악귀를 제압하고 있는 사천왕의 모습
(국립경주문화재연구소 제공)

〈그림 4〉 경주 사천왕사 터의 동탑지 북면 녹유소조상 출토 상태
(국립경주문화재연구소 제공)

불교의 성소(聖所)인 사찰이 신화시대의 성소(聖所)에 들어서기도 했다. 예를 들어 신라의 낭산에는 '신이 노닐던 숲'이라는 뜻의 신유림(神遊林)이 있었다. 명칭에서 드러나듯, 불교적이라기보다는 샤머니즘적 분위기를 담고 있다. 불교가 성하자, 이 숲에는 불교의 사찰인 사천왕사가 들어선다. 위치는 같지만 의미는 교체된다.

자연 성소(산 꼭대기, 바위, 물가 등) 위주의 샤머니즘 문화와 달리, 사찰과 탑은 외래 문화를 상징적으로 보여 주었고 동시에 한반도에는 없던 동물인 사자 등은 이국적인 분위기를 자아내었을 것이다. 사천왕사의 유물 중 양지 스님이 조각했다는 사천왕상 부조는 아직도 생생하다. 부조를 바라보자면 천여 년이 지난 지금에도 삶의 진정한 본질을 추구하고자 했던 수도심이 느껴질 정도이다.

절이 있는 곳에 대체로 사천왕상이 있었고 사천왕상이 있는 곳에 귀신상이 있었다. 지금도 악귀의 형상은 사천왕상이 있는 절에 가면 볼 수 있으며 또 국립중앙박물관의 웹사이트에 조선의 악귀상(유물번호-신수 14117/14118)이 있어 그 형상을 참고할 수 있다.

불교 상의 귀신, 나찰이 등장하는 이야기를 보자. 나찰은 힌두 신화에서 비롯된 것으로 알려져 있으며 동물이나 괴물, 미인으로 다양하게 변신한다. 다음 이야기는 나찰의 악신적 면모를 보여 준다.

옛날, 하늘에서 알이 바닷가에 내려와 사람이 되어 나라를 다스렸으니 곧 수로왕(首露王)이다. 이 때에 나라 안에 연못 옥지(玉池)가 있었고 그 속에 독룡(毒龍)이 살고 있었다.

한편 **만어산(萬魚山)에 다섯 나찰녀가 있어 독룡과 사귀었는데 이 때문에 번개와 비가 내려 4년 동안 오곡이 익지 않았다.**

왕이 주술로 이를 막아보려 하였으나 막지 못하자 머리를 조아리며 부처에 청하였다. 그래서 부처가 설법(說法)한 후에야 나찰녀가 오계(五戒)(죽이지 말고 훔치지 말며 음행하지 말고 거짓말 하지 말며 술 마시지 말라는 불교의 가르침)를 받고 그 뒤부터는 재해가 없어졌다.

이러한 이유로 동해의 물고기와 용이 골짜기에 가득한 돌로 변하여 절의 종(鐘)과 경(磬)의 소리를 냈다.

― 「어산의 부처 그림자(魚山佛影)」, 『삼국유사(三國遺事)』.

나찰녀는 음행과 파괴를 일삼는 존재로 불교 교화의 대상이 된다. 그러나 부처가 설법하자 나찰녀는 제압되고 결국 악귀는 부처의 법을 이기지 못한다. 이 이야기는 불교 경전 『관불삼매경(觀佛三昧經)』의 설화가 가야국 수로왕 때의 이야기로 패러디되어 '고기(古記)'로 전해오다가 『삼국유사』에 실리게 되었다.

올 가을, 문득 만어사를 찾아가 보니 앞 골짜기 경사면에 바위가 가득하여 장관을 이루고 있었다. 이 바위들은 당시 부처의 법에 교화된 동해의 물고기와 용으로 절의 종과 경의 소리를 낸다고 했다. 실제로 바위를 두드려 보니 돌 소리가 아닌 금속음이 났다(다음 쪽의 〈그림 5〉, 〈그림 6〉, 〈그림 7〉 참조).

〈그림 5〉
만어사 관음전과
바위들

〈그림 6〉
만어사에서 내려다 본 바위들

〈그림 7〉 만어사 앞 골짜기를 메운 바위들. 왼편의 원 안에 작게 보이는 두 사람을 찾아보라. 지대의 크기가 가늠되는가?

악신(惡神)으로서 동물신

신화적 세계관에서 동물신은 부정적인 신이 아니었다. 동물신은 질서와 권위를 상징하는 자연신으로서, 해당 공동체에서는 긍정적인 가치를 지닌 초월적 존재였다. 그런데 불교 도입 이후, 불교와 관련이 없는 동물신은 점차 악신으로 평가된다. 인간의 정신적·육체적 건강을 파괴하고 병을 퍼뜨리며 인간 세상에 부정적 영향을 미친다고 상상되었다. 아래 이야기를 보자.

> 선덕왕(善德王) 덕만이 병이 든 지 오래되었다. 흥륜사의 법척이라는 중이 왕의 명령으로 병을 돌보았지만 효험이 없었다. 밀본 법사가 덕행으로 나라 안에 알려져 있으므로 좌우에서 대신 병을 돌보게 하기를 청하였다.
> 왕의 명령으로 밀본 법사를 궁 안으로 맞이하였다. 밀본이 왕의 침실 밖에서 『약사경(藥師經)』의 두루마리 읽기를 마치자, 그가 가지고 있던 육환장(승려가 짚는, 고리가 여섯 개 달린 지팡이)이 침실로 날아가 **늙은 여우 한 마리와 법척을 찔러 뜰 아래로 거꾸러뜨리니** 왕의 병이 곧 나았다. 이 때 밀본의 머리 위에 오색의 신비한 빛이 빛나니 보는 사람들이 모두 놀랐다.
> ―「밀본이 사악함을 꺾다(密本摧邪)」, 『삼국유사』.

다른 사람의 눈에 전혀 보이지 않던 여우가 왕의 병을 일으킨 주요 원인으로 드러난다. 이 여우는 보통 여우가 아닌 셈이다. 침실에서 발견되었다니 왕 근처에 머물면서 주술적 영향을 미쳤던 것으로 생각된다. 그래서 이 늙은 여우 한 마리를 잡자 왕의 병이 나았다고 여긴 것이다.

다음 이야기도 여우의 악신적 면모를 보여 준다. 활을 잘 쏘는 거타지(居陁知)라는 사람이 서해 용왕의 부탁을 받고 용왕의 생명을 위협하는 노승을 활로 쏘아 잡는다.

거타지가 수심에 쌓여 섬에 서 있는데 갑자기 한 노인이 못에서 나와 말하기를
"나는 서해바다의 신인데 매번 한 중이 해 돋을 때면 하늘에서 내려와 다라니를 외우면서 이 못을 세 바퀴 돌면, 우리 부부와 자손들이 모두 물 위에 떠오릅니다. 중은 내 자손의 간과 창자를 취해 다 먹어버리고 지금은 우리 부부와 딸 하나가 남았을 뿐입니다. 내일 아침에도 반드시 올 것이니 청컨대 그대는 그 중을 활로 쏘아주시오."
거타지는
"활쏘는 일은 나의 장기이니 말씀대로 하겠습니다."
고 하였다. 노인은 치사하고 물속으로 돌아가고 거타지는 숨어서 기다렸다.
이튿날 동쪽에서 해가 뜨자 과연 중이 와서 전과 같이 주문을 외워 늙은 용의 간을 취하려 했다. 이때 거타지가 활을 쏘아 맞추니 **승려는 즉시 늙은 여우로 변해 땅에 떨어져 죽었다.**
—「진성여대왕(眞聖女大王) 거타지(居陁知)」, 『삼국유사』.

활로 쏘아 잡고 보니 이 승려의 정체는 늙은 여우로 드러났다. 승려가 등장하는 것을 보면 이야기의 종교적 배경은 불교로 생각된다. 그렇다면 긍정되어야 할 인물인 승려가 신을 위협한다는 논리는 자연스러워 보이지 않는다. 그런데 이야기가 전개되면서 승

려는 진짜 승려가 아니라 늙은 여우로 판명되어 가장된 마스크 같은 역할을 했을 뿐, 사실은 부정적 캐릭터가 아니다.

부정적 캐릭터는 여우이다. 이 여우는 사람으로 변신하여 파괴를 반복적으로 일삼는다. 바다의 신마저 제압할 정도로 강력하다는 것은 일반적 동물이 아닌 신적 능력을 가진 동물신임을 뜻한다. 그런데 이 신은 파괴를 자행하는 부정적 악신이다.

동물신은 불교 도입 이전, 신화적 세계관이 주요했던 사회에서는 그 공동체의 정체성과 밀접한 신적 존재로서 긍정적인 존재였으나 불교적 맥락에서는 불법을 수용하지 않는 한, 악신으로 인식되었다.

귀신 쫓는 귀신

귀신 중에는 귀신을 쫓는 귀신이 있다. 벽사(辟邪)와 축귀(逐鬼) 기능을 하는 귀신이 불교가 도입된 이후에 더욱 일반화되어 건축물에서 기와나 막새 등으로 만들어져 절이나 왕궁 건축에 쓰였다. 아래는 유적지에서 나온 귀신 얼굴이다. 벽사 기능의 귀신은 몸보다 얼굴이 언제나 중요하게 형상화된다.

〈그림 8〉 백제의 청동 귀면
(국립부여박물관 소장)

〈그림 9〉 신라 안압지에서 나온 귀신 얼굴 기와(국립경주박물관 소장)   〈그림 10〉 황룡사 터의 귀신 얼굴 기와 (국립경주박물관 소장)

앞의 이미지를 감상한 느낌이 어떤가? 강렬하고 특이하지만 옆에 두고 관상용으로 바라보기엔 좀 꺼려진다. 인간의 얼굴을 기본형으로 하되 과장되어 있으며 동물성이 가미되어 있다.

공통적으로 눈과 입이 특히 강조되어 있어 언제나 입을 벌리고 있으며 그 안의 이는 날카롭다. 눈은 언제나 둥글고 크며 툭 튀어나왔다. 그리고 눈썹은 위로 바짝 서 있다. 뿔이 있기도 하다.

귀신의 외모는 그 시대의 가치를 보여 준다. 눈이 강조된 것은 시각이 중요하다고 생각했기 때문이다. 신화에 신이나 영웅의 눈은 특이한 경우가 많았다. 그리고 눈이 여럿 달린 신적 존재들은 어렵지 않게 찾을 수 있다. 눈이 강조된 이유는 악신이든 선신이든 신성(神性)의 본질이 '밝히 본다', '세세한 것까지 구체적으로 본다'는 공통점을 공유하기 때문이다. 귀신의 눈이 불룩 튀어나오고 유난히 둥근 것은, 당시 사람들이 귀신은 잘 볼 수 있는 능력을 가졌다고 생각했음을 뜻한다. 이러한 면모는 신화에서의 신(神), 신성(神性) 관념과 공통된다.

발달된 턱, 큰 입, 날카로운 이는 자칫 물리면 씹히지고 삼켜져

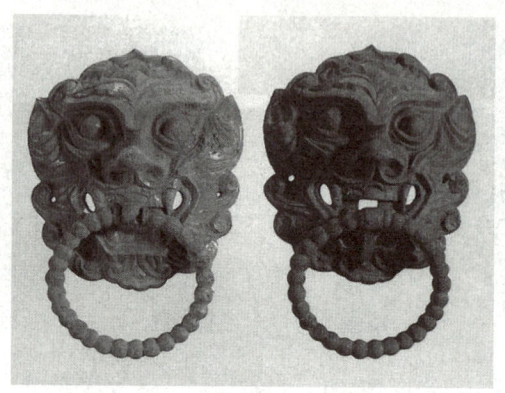

〈그림 11〉 귀신 얼굴 문고리(국립경주박물관 소장)

죽을 것만 같은 위엄을 담고 있다. 선신(善神)에게는 찾기 어려운 부분으로 이러한 위협적 이미지는 실제 생활 속에서 귀신을 물리치는 기능과 관련되어 있다.

귀신 얼굴은 기와 외에도 아래의 〈그림 11〉처럼 문고리에도 사용되었다.

기와나 문고리처럼 집 건축 외부에 사용된 귀신 얼굴은 '외부 악귀의 내부 진입을 막아야 한다'거나 '위협적인 귀면으로 외부 악귀의 내부 진입을 막을 수 있다'는 생각을 보여 준다.

그런데 이런 질문이 떠오르지 않는가? 귀신을 귀신으로 막는다고? 의아하지만 흥미로운 '같은 종류로 같은 종류를 막는다'는 관념은 신라시대부터 조선시대까지 이어졌다.

2. 고려의 귀신

고려시대는 전대의 귀신 유형이 지속되는 가운데 특히 이 시대

서사에 본격화된 담론과 유형이 있다. 고려시대의 귀신 담론을 살펴보면 두 가지 특징이 두드러져 보인다. 첫째, 귀신이 못생겼다고 생각하였다는 점, 둘째, 생명체가 아닌 사물에 깃들어 사는 귀신인 '사물귀(事物鬼)'가 부각되었다는 점이다.

귀신은 못 생겼다

귀신이 못 생겼다는 생각은 고려시대에 일반화된 것으로 보인다. 고려 전에는 귀신이 특히 못 생겼다고는 생각하지 않았다. 강렬한 윤곽과 특이한 모습은 인간과는 비교할 수 없는 능력을 연상시켰고 이 능력은 악한 것이라기보다는 궁극적으로 신성에 기반한 것이었다.

외형의 의미는 세월이 흐르면서 변하였다. 강렬한 외형은 신성과 멀어지고 '추(醜)'로 이해되었다. 다음과 같은 고려시대의 에피소드에서 귀신을 추하다고 생각했음을 알 수 있다.

> 문절공(文節公) 주열은 **얼굴 모양이 추하게 생기고 코는 익은 귤**과 같았다. 안평공주(安平公主)가 처음 왔을 때에 전상(殿上)에서 여러 신하들에게 잔치를 베풀었다.
> 주공이 일어나 술잔을 올리니 공주가 왕에게 말하기를
> "어째서 갑자기 **늙은 추한 귀신**을 앞에 오게 합니까?"
> 하였다. 왕이 말하기를
> "얼굴이 **추하기는 귀신 같지만** 마음이 맑기는 물과 같다."
> 고 하니 공주가 얼굴빛을 고치고 예로 대우하였다.
> ─『역옹패설(櫟翁稗說)』.

안평공주가 못생긴 신하를 보고 '귀신 같다'며 깜짝 놀라는 데서 '귀신이 못생겼다'는 관념이 이미 있었음을 알 수 있다. 너무 못생겨 인간이 아니라 귀신인 줄 알았다는 것이다. 워낙 못생겨 코는 익은 귤(橘)과 같았다 하니 꽤나 펑퍼짐하게 생겼던 모양이다. 비록 왕이 해명하기를 외모와 달리 마음이 맑다고 했으나 이 말 역시 그의 외모가 귀신처럼 추하다는 사실을 부인하는 것은 아니다.

'귀신은 추하다'는 생각은 조선에서도 보인다. 예를 들어 조선의 시에도 젊은 모습이 쇠해가는 모습을 귀신의 모습에 비유한 시가 있다. 최립(崔岦, 1539~1612)의 시, 「탄쇠(歎衰 : 몸이 쇠해지는 것을 탄식하다)」에는 청춘의 모습이 사라지고 쇠해가는 몸을 귀신 형상〔鬼形〕 같다고 하였다.

몸이 쇠해지는 것을 탄식하다

갈수록 스님들처럼 빗을 쓸 일도 없어져서 / 漸覺僧梳冗
기생의 거울 옆에 비추어 보기도 부끄러워 / 羞臨妓鏡傍
어느새 반짝반짝 대머리로 바뀌다니 / 居然成白禿
청춘의 그 모습은 다시 볼 길 없어라 / 無復有韶光
영락없이 귀신의 몰골과도 흡사하니 / 卽與鬼形近
인간 세상에 오래 머물 수가 있겠는가 / 得於人世長
머리를 돌려 봐도 무슨 할 일이 또 있을까 / 回頭何事業
성대한 이 시대에 떠도는 백성과 똑같은걸 / 盛際等遺亡

― 「탄쇠(歎衰)」, 『간이집(簡易集)』 7권.

일상적 사물이 귀신이 된 사물귀

익숙한 것이 낯설게 여겨질 때 그 익숙한 것은 돌연 귀신으로 느껴진다. 고려시대의 '사물의 귀신화' 현상은 익숙한 것이 낯설게 여겨지면서 돌연 귀신으로 감지된 예를 잘 보여 준다. 하나의 사물이 귀신이 되는 한 원리이다.

주변에서 일상적으로 볼 수 있는 익숙한 사물인데 특정 조건이나 상황에서 낯설게 느끼게 되자 그 사물에 인격이 가미되었고 사물귀로 상상되었다. 이런 귀신을 '사물귀(事物鬼)'라고 이름 붙여 보았다.

사물귀는 자연귀의 영역과 겹치고 있어서 자연귀에서 분화된 것으로 보인다. 사물귀의 예는 다음과 같다.

> 이의민은 본래 글을 모르며 무당을 믿었다. 경주에 **목우(木偶) 귀신**이 있었는데 그곳 사람들이 '두두을(豆豆乙)'이라고 불렀다. 이의민은 자기 집안에 귀신 모시는 당(堂)을 짓고 그 귀신을 맞아다가 날마다 제사하면서 복을 빌었다.
>
> 하루는 갑자기 그 사당에서 곡성이 들려오므로 이의민이 괴상히 여기고 물으니 귀신이 말했다.
>
> "내가 너의 집을 오랫동안 지켜 주었는데 이제 하늘이 재화를 내리려 하니 내가 의탁할 곳이 없어서 울고 있다."
>
> ―「이의민」, 「열전」 41, 『고려사』 128권.

흙이 쌓인 높은 언덕과 물이 고인 깊은 물웅덩이와 그 외의 나무와 돌과 집과 담장들은 다 이 세상에서 생명이 없는 물건들이다. 그러나 **여기에 혹 귀신이 붙으면 괴상하고 요사한 현상이 나**

타난다. 그러면 사람들은 그것을 미워하고 꺼려서 저주하며 그 귀신을 몰아낸다. 심하면 언덕을 파헤치고 물웅덩이를 메우며 나무를 베고 돌을 캐며 집을 헐고 담을 허물고야 만다.

— 「한퇴지(韓退之)의 송궁문(送窮文)을 본받아서(驅詩魔文效退之送窮文)」, 『동국이상국집(東國李相國集)』 20권.

나무 인형〔목우(木偶)〕에 붙은 귀신은 울기도 하고 말도 할 정도로 인격성을 갖추고 있다. 이의민은 날마다 나무 인형 귀신에게 제사를 올렸다고 하니 사물귀를 정성스레 섬기는 사람이 있었음을 알 수 있다. 또 귀신의 말에서 '귀신은 의탁할 곳이 필요한 존재'로 인식되었음을 알 수 있다.

귀신은 웅덩이나 언덕, 나무, 돌, 집, 담장 등의 사물에 붙어 있다. 그러나 사람들이 사물귀를 좋게 여기기만 한 것은 아니었고 귀신이 깃들지 못하도록 귀신 깃든 사물을 없애기도 했다. 고려의 승려인 나옹화상은 사람들의 걱정스러운 만류에도 불구하고 사물귀가 붙은 불상을 없앴다.

사물귀 이야기는 고려시대에 많이 보이지만 그 전에 유래한 것으로 보인다. 고려사의 지리지, 「태령산」조에는 다음과 같은 신라의 이야기가 전한다.

태령산(胎靈山)

신라 때에 만노군 태수 김서현(金舒玄)의 아내 만명(萬明)이 김유신(金庾信)을 낳아 **그 태를 이 현 남쪽 십오리 지점에 묻었더니 귀신으로 되었다** 하여 태령산이라고 불렀다 한다.

> 신라 때부터 사당을 설치하고 봄과 가을에 왕이 향을 보내 제
> 사를 지냈으며 고려에서도 그대로 하였다.
> ―「청주목」,「지」10,『고려사』56권.

 이야기에 따르면 태(胎)가 귀신이 되었다. 태는 태반이나 탯줄 등의 조직을 총칭하는 부분이다. 그 자체로는 인격성이 없는 사물이지만 땅에 묻고 나니 귀신이 되었다 한다. 그 귀신을 모시기 위해 신라 때부터 사당을 두고 제사를 지내고 더욱이 왕이 향을 보냈다니 태를 곧 김유신으로 여겨 공식적으로 믿었음을 알 수 있다.
 태가 곧 김유신 본인은 아니었으나 태는 그의 정체성을 가진 것으로 여겨졌다. 사람들이 태를 김유신과 동일시했기 때문에 제사까지 지냈던 것이다. 태가 귀신이 되었다고 믿은 사실은 '부분이 전체를 대신한다', '한번 접촉했던 것은 공간적으로 떨어져 있어도 서로 영향을 주는 공감적인 관계를 유지한다'는 전형적인 전파 주술(contagious magic)적 사고방식으로 신화적 사고 방식이다.

 전대에 이어 벽사용 귀신의 전통이 이어지고 있다. 고려시대의

〈그림 12〉 귀면 청동로(국립중앙박물관 소장)

것으로 알려진 청동로에는 벽사용 귀신의 얼굴이 붙어 있다.

두툼한 눈썹, 튀어나온 눈, 크고 위협적인 입과 턱, 날카로운 송곳니, 올려 세운 혀. 이러한 모습은 신화시대에서는 긍정적으로 이해되었다. 수호, 강력함, 미세한 것도 볼 수 있는 밝음 등을 상징하였으나 점차 부정적인 것이 우세하게 인식되었다. 고려에서는 공주의 말처럼 그저 못생긴 것으로 인식되었을 수도 있다.

잘생겼든, 못생겼든 간에 불을 담는 화로에 귀신 얼굴을 붙인 이유는 불귀신을 막고 싶어서가 아니겠는가.

3. 조선의 귀신

'소복(흰 옷) 차림의 싸늘한 여자 귀신, 소복녀(素服女, 줄여서 이렇게 불러보자)는 언제 생겼을까'에 대한 답을 찾을 수 있을 것 같다. 조선의 귀신서사에 소복녀와 가장 비슷한 유형이 보이기 때문이다.

어떤 귀신을 '소복녀'로 판정하려면 다음 세 조건을 고려해야 한다. ①영혼 유형일 것, ②심리적으로 트라우마의 상태일 것, ③트라우마를 해소할 의지를 가진 귀신일 것.

조선 귀신의 특징적 변화로 소복녀와 함께 물괴(物怪) 유형이 등장한다는 사실을 지적할 수 있다. 그 내면은 이전 시대와 달리, 상당히 복합적이다.

트라우마를 지닌 영혼

소복녀 성향, 즉 트라우마를 지닌 귀신은 조선시대, 특히 임진왜란과 같은 전란 이후에 많이 이야기되었다. 조선시대에는 전란(戰亂)으로 야기된 불안한 정서가 몽유록, 소설, 실기, 야담, 패설 등과 같은 다양한 장르로 표출되고 있어 대규모로 집단적 트라우마가 발생한 자취를 담고 있다.

트라우마를 가진 영혼 중에서도 특히 전혀 모습을 드러내지 않고 소리만 내는 귀신은 강렬한 트라우마를 암시한다. 외적으로 형상은 드러내지 않고 일정 시간에 찾아와 소리만 내는 귀신은 대부분 자연사가 아니라 사고사를 당했거나 전란에서 죽은 영혼들이다.

트라우마를 가진 귀신서사에서 주목할 사실은 귀신이 되기 전, 즉 생전에 신분상 종이었던 여성 이야기가 많다는 것이다. 특히 젊고 예쁜 여종, 비구니, 계모 아래의 전처 소생 등 그들은 집단 속에서 약자였다. 이야기 속에서 그들은 겁간당하고 죽임을 당하거나 누명을 쓰고 죽는다. 조선의 보수적이고 이중적인 성담론과 문화는 실제로는 성욕구를 추구하면서도 남의 시선과 사회의 윤리를 넘어서지 못하여 약자인 여성들을 살려 두지 않았다. 여성들은 힘없고 약해서 죽었으나 억울한 그들은 결코 죽을 수 없었다. 자매가 귀신으로 등장하는 고소설 「장화홍련전」에서 자매는 결혼 전에 아이를 가졌다는 이유로 죽임을 당하는데 이처럼 성에 대해 이분법적 잣대를 가진 성문화는 약자의 비극적인 죽음을 초래했다.

장화와 홍련이 소복녀의 원조 격에 해당하는 귀신으로 보인다. 그러나 옷에 대해 말하자면 이들은 소복을 입고 있지는 않다. 홍련은 녹색 저고리에 붉은 치마를 입고 등장한다. 또 소복보다는 일상복을 입은 귀신이 많다. 1400년대 『용재총화』에 따르면 한 여귀는 붉은 난삼(襴衫 : 유생 · 생원 · 진사 등이 입던 예복)을 입었다.

싸늘한 표정보다는 오히려 곱고 용모가 아름답고 우아한 미인

(『어우야담』150화, 155화)도 적지 않다. 이러한 정황을 고려하면 소복녀는 조선 중기 이후에 등장한 것으로 추정된다.

사물성과 인격성을 가진 물괴(物怪)

새로운 유형의 귀신, 물괴(物怪)가 등장한다. 물괴는 인격성을 갖추었으나 영혼과 달리, 사물적 속성을 가지고 있다. 그래서 이들은 영혼이라고도 할 수 없고 사물귀라고도 할 수 없다. 사물에 깃들어 살지 않기 때문에 사물귀가 아니며 인성을 갖지 않으므로 영혼이라고도 할 수 없다.

이들은 섬뜩한 외형으로 사람들에게 두려움을 불러일으킨다. 이들의 이름은 뭘까? 조선 사람들은 이들을 대체로 '물(物)'로 표현하여 일물(一物), 거물(巨物)이라고 하였다. 여기서는 이들의 이름을 '물괴(物怪)'로 불러 보자. '괴물'이라고 하면 서양식의 몬스터가 떠오르지만 결코 같지 않다. 물적 특징이 우세하므로 물괴라는 표현이 적당하다. 그 외형을 묘사한 경우는 다음과 같다.

> 밤이 되자 무언가가 다가와 동헌 대문 안으로 들어왔다. 안개 기운이 뭉쳐 어떤 형체를 이루고 있었는데 둘레는 네댓 아름쯤 되고 길이는 몇 장쯤 되어 보였다. 몸체와 얼굴, 머리, 손발 **형체는 제대로 보이지 않았고 다만 위를 보니 양쪽으로 두 개의 눈이 밝게 빛나고** 있을 뿐이었다.
> ─「관북 졸검격 취생(關北倅劍擊臭眚)」, 『천예록(天倪錄)』.

> 이경이 되었을 즈음 어떤 **이상한 물건**이 방에서 나오는데 꼭 나무덩이가 검은 보자기로 덮여 있는 모양이었으나 **얼굴과 눈은**

보이지는 않았다.
—「별해진권축삼귀(別害鎭拳逐三鬼)」, 『천예록(天倪錄)』.

깊은 밤에 갑자기 하나의 **거물(巨物)**이 나와 책상 앞에 엎드렸는데 고약한 냄새가 코에 역겨웠다. 정백창이 자세히 보니 그 물체는 눈이 튀어나오고 코는 오그라졌으며 입 가장자리가 귀까지 닿고 귀는 늘어졌으며 머리털은 솟구쳐 있었다. 마치 두 날개가 활짝 펼쳐져 드리운 것 같았고, 몸의 빛깔은 청홍색인데 **일정한 형상이 없어 무슨 물체인지 살필 수가 없었다.**
—『어우야담』 138화.

물괴는 대체로 실루엣이 분명하지 않고 몸체가 잘 드러나지 않는다. 사람과 비교해서 각 기관에 해당하는 부분들이 과장되어 있다. 첫째 인용문의 물괴는 상당히 큰 거구이다. 둘레만 해도 어른 네다섯 명의 팔둘레 정도가 되고 길이는 몇 장이라고 하는데 한 장이 보통 한 사람의 키라고 하는데 몇 장이라고 하니 사람 키를 넘긴다. 셋째 인용문의 물괴도 거물로 표현되어 있다.

물괴를 사물귀와 비교해 보면 이들이 좀더 인격성과 이동성(移動性)을 갖추고 있다. 물괴는 사물귀에 인격성과 이동성이 보강된 형태로 형상화된다.

사물귀도 여전히 믿어지고 있다. 아래의 예문 (1)에서 사람들은 우물에 귀신이 깃들었다고 믿었고 이 귀신에게 복을 빌었다. 깃발에 깃든 신도 믿어졌다. (2)에서는 '둑신'이라는 깃발신에게 제사를 지내기도 하였다. 놀랍게도 조선 궁중이 제사 수행 주체였다.

성리학을 지배이념으로 내세운 정권이었지만 샤머니즘적 믿음은 여기저기서 발견된다. 한 예를 들어 경복궁을 세우면서 불이 날까 두려워 이를 막고자 물을 상징하는 동물인 용의 조각을 못 속에 넣었으며 또 '물 수(水)'자를 새겨 쓴 각종 유물을 건축물에 넣어 두었다. 이 유물들은 국립고궁박물관에서 살펴볼 수 있다.

〈1〉
관청 남쪽에 **오래된 우물**이 있는데 고을 사람들이 그 속에 귀신이 있다 하여 앞을 다투어 모여들어 복을 빌었다.
— 『용재총화(慵齋叢話)』

〈2〉
영안군(永安君)에게 명하여 **둑신(纛神)**에게 제사 지내게 하였다. 이보다 먼저 홍둑(紅纛)·흑둑(黑纛) 둘을 만들게 하였는데, 이때에 이르러 완성되었으므로 제사 지내게 한 것이었다. 제사에 참여한 집사관(執事官)은 모두 무복(武服)의 차림이었다.
—「태조(太祖) 3권, 2년 1월 16일 임술(壬戌) 첫째 기사」, 『조선왕조실록(朝鮮王朝實錄)』.

위에서 살펴본 것을 바탕으로 귀신을 분류하면 **자연귀, 영혼, 악신, 사물귀, 트라우마를 지닌 영혼, 물괴**가 된다. 보기 쉽게 도표로 만들어 보았다.

귀신의 유형	예	주된 시대
유형 ① 자연귀(自然鬼)	식물귀, 동물귀	신화시대 (상고대~500년대)
유형 ② 영혼(靈魂)	여귀, 남귀, 동물 영혼	신화시대와 이후 (상고대 이후 지속)
유형 ③ 악신(惡神)	역신, 불귀신, 마마귀신, 나찰, 여우 귀신, 불교적 악신	불교가 성행한 삼국시대 이후 (600년대 이후 지속)
유형 ④ 사물귀(事物鬼)	우물 귀신, 나무인형 귀신, 깃발귀	신라 말, 고려 이후 (900년대 이후 지속)
유형 ⑤ 트라우마를 지닌 영혼	사고나 전란에 죽은 영혼	조선 이후
유형 ⑥ 물괴(物怪)	정체를 알 수 없는 불특정 귀신	조선의 임진왜란 이후 (1500년대 말 이후 지속)

문명 초기부터 시간의 흐름을 따라 탐색한 결과, 우리나라의 귀신을 대체적으로 여섯 유형으로 나눌 수 있었다. 물론 그 하위 유형을 세분할 수 있지만 자세한 논의는 연구 영역으로 넘기겠다.

현대의 우리가 귀신을 연상할 때 떠올리는 이미지는 유형 ⑤에서 비롯된다. 특히, 조선을 심각한 상태에 빠뜨

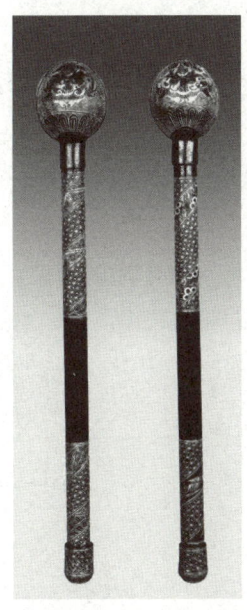

〈그림 13〉 철퇴의 둥근 부분에 귀신 얼굴이 새겨진 은입사 귀면문 철퇴(銀入絲 鬼面文 鐵鎚) (국립고궁박물관 소장)

렸던 양대 전란(임진왜란과 병자호란)을 통해 대규모의 사람들이 트라우마로 고통받게 되자 서사문학에서도 이 유형의 귀신 이야기가 급격히 증가했다.

한편, 귀신은 다양한 물건에 새겨지고 조각되었다. 시내 위의 다리, 철퇴, 도자기 등과 같은 물건에도 새겨졌다. 철퇴는 의식용인데 둥근 부분에 귀신의 얼굴이 새겨져 있다(그림 13 참조). 위로 솟은 눈썹, 둥근 눈 등 벽사 기능을 하는 귀신의 모습을 확인할 수 있다.

이미지로는 철퇴의 길이를 가늠할 수 없지만 실제로 보면 길이가 한 팔보다 길다. 귀신 얼굴은 벽사용이면서도 동시에 장식용으로 사용되었다.

chapter 3

탐색-2 :
왜 나타날까?

chapter 3
탐색-2 : 왜 나타날까?

 예나 지금이나 귀신을 만났다는 이야기를 들을 수 있다. 현대에도 사람들은 귀신을 보았노라고 말한다. 나도 어젯밤, 화장실에서 손을 닦고 있을 때 뒤에서 슬핏 나타날까 말까를 고민하는 귀신을 보았다. 어떻게 알았냐고? 앞에 있는 거울에 비쳤다. 흰 바탕에 연한 줄무늬 옷을 입고 있었다. 화장실 귀신이었을까? 2000년대여서인지 좀 세련된 옷을 입고 있었다. 소복 대신에.
 귀신은 왜 나타날까? 지치지도 않나?
 귀신이 나타나는 이유가 아무리 궁금해도 인터뷰를 하지 않는 이상 알 수 없으므로 일단 확인가능한 자료인 고전 서사와 귀신 담론을 통해 왜 귀신이 출현하는지 그 배경과 이유를 살펴보겠다.

1. 파괴

 귀신의 원초적 속성은 '파괴성'이다. 귀신의 파괴성은 옛날부터 지금까지 가장 오랜 동안에 걸쳐 유지되어 온 기본 속성이다. 파괴하지 않는 귀신은 귀신이라 할 수 없을 정도이니까. 귀신은 사람에게 긍정적인 것, 예를 들어 신체와 정신의 건강, 재물, 관계 등을 파괴한다.

　살다보면 종종 나쁜 일이 생기곤 한다. 전혀 나와 무관하게. 천재지변에 재물이 파손되고 정든 집이 사라진다. 병이 들거나 심지어 죽기도 한다. 이런 일은 천재지변만이 아니다.

　파괴적 결과가 일어나는 이유를 잘 알 수 없었던 사람들은 해석하기를, 악신이 들어와 악행을 하는 것이라고 믿었고, 그래서 예방 차원에서 악신이 진입하지 못하도록 주의를 기울였다. 그리하여 귀신 쫓는 벽사(辟邪)의 기능을 하는 처용 탈, 비형랑 탈 같은 것을 문 앞에 내걸곤 했다. 이 밖에도 벽사 기능을 하는 소품들은 세기 어려울 정도로 많은데 그만큼 귀신의 파괴성이 강하게 인지되었음을 뜻한다.

　파괴하는 초월자. 사람으로서는 감당할 수가 없다. 사람으로서는 제어할 수 없는 두려운 존재이다.

　목숨을 앗아가거나 재물을 잃게 하는 파괴도 무섭지만 아는 관계, 그것도 잘 알던 사람이 적대적인 모습으로 나타나 파괴를 자행한다면 더욱 감당하기 어려운 일이다. 가까운 사이였기에 함부로 축귀할 수도 없어 더욱 어렵다. 아래는 생존 시, 같이 살았던 친척이 귀신으로 나타나서는 파괴를 일삼는 이야기이다.

　낙산 아래 소용동에 과부 안씨가 살았다. 집에서 염불을 하며 채식만 하고 늘 흰 승복을 입고 풀로 엮은 둥근 모자를 쓰고 지냈다. 육십 살이 넘어 죽었는데 자녀는 없고 조카가 있어 그 집에 살았다.

　몇 년이 지난 후, 마루에서 사람 소리가 나서 조카가 나가 보니 안씨가 흰 승복을 입고 둥근 모자를 쓰고 훤한 대낮에 앉아 있는 것이었다. 온 집안 사람들이 당황해하며 늘어서서 절을 올리자 귀신은 배가 고프다며 먹을 것을 청했다. 성찬을 차려 올리니, 상에 가득한 음식을 잠깐 사이에 다 비웠다. 또 음식을 청하기에 다시 대접했다. 이와 같이 한 지 한 달 남짓 지난 어느 날 귀신이 말했다.

"바야흐로 봄철이라 두견화가 산에 가득하여 참으로 좋으니 떡을 만들어 먹고 싶구나."

그래서 기름을 사서 전을 부쳐 몇 그릇 가득히 올렸는데 이를 또 다 비우는 것이었다. 날마다 진기한 음식과 색다른 맛을 요구했는데 올리면 한번에 다 먹어 치웠고, 주지 않으면 당장 화를 내어 괴이한 짓을 벌였다. 어린 남종을 때리기도 하고 자식들에게도 해가 미치니 괴로움을 견딜 수가 없었다. 가족은 서로 의논하기를, 재물이 다 떨어지면 음식을 계속 바치기 어려우므로 은밀히 다른 곳으로 피해 살기로 했다. 그때 귀신이 말했다.

"주인, 지금 어디로 가려는가? 나도 따라 가려네."

그리하여 결국 그 계획을 그만두고 말았다.

어느 날 안씨 귀신이 말했다.

"내가 여기 오래 머물러 있으면서 주인을 많이 괴롭혀 내 마음이 편치 않네. 술과 음식을 넉넉히 갖추어서 동소문 밖 커다란 소나무 아래 개울물 흐르는 곳에서 이별잔치를 해다오."

주인은 몹시 기뻐하며 집의 재물을 전당 잡혀 음식을 장만하고 동소문 밖 산과 흐르는 물이 정결한 곳에서 음식을 대접하였다. 그 후로는 아무 소리도 나지 않기에 집안 사람들이 서로 축하했다.

십여 일이 지나 홀연 문을 두드리는 소리가 들렸다. 여종이 나가 보니 한 사내가 있었는데 검은 얼굴에 수염이 많이 났으며 머리에는 흰 대나무 모자를 쓰고 새끼줄로 갓끈을 매고 있었다. 그가 절을 하고 말했다.

"집안 어른 안씨가 오셨다."

얼마 안 있어 흰 승복에 둥근 모자를 쓴 **안씨 귀신이 웃으며 들어와 대청에 앉았다. 그 밖에 봉두난발(마구 흐트러진 머리털)을 하고 누더기 옷을 입은 남녀 귀신들이 대청과 뜰을 가득 채웠다. 이들은 밥과 고기를 달라며 떠들썩하게 재앙을 일으켰다.** 그릇을 부수고 사람들을 구타하며 온 집안에 놓아두고 쓰는 물자와 상자에 쌓아 놓았던 것을 휩쓸어 남은 것이 없었다. 쇠똥과 말똥이 방과 창문에 여기저기 떨어져 있어 사람들이 거처할 수가 없었다. 온 집안 사람들이 서로 이끌고 달아나 피했지만 가는 곳마다 따라오지 않는 곳이 없었다. 몇 년 사이에 죽는 자가 계속 이어져 낙산 아래의 집은 텅 비게 되었다.

― 『어우야담』 153화.

친척을 떠올려 보라. 숙모나 고모, 이모 이런 관계에 있는 사람들의 요구를 무시하기는 어렵다. 이야기에서 조카는 숙모에게 예의를 갖추지만 귀신이 반복적으로 음식을 요구하자 재물이 떨어지게 되고 이어 건강마저 위태롭다. 이해심 없는 안씨 귀신은 이것저것을 더욱 요구한다. 여유롭게 웃으면서.

파괴하는 귀신은 인간에 대해 일방적이고 폭력적이다. 조카는 귀신이 친척이기 때문에 함부로 내쫓지도 못한다. 귀신은 요구를 들어주지 않으면 기물을 부수고 난동을 피운다. 귀신은 상대의 고통은 안중에도 없으며 끊임없이 요구한다.

반복되는 요구는 '욕망하는 존재'로서 귀신의 모습을 보여 준다.

정신분석학자 라캉이 지적하였듯, 욕구가 채워진다고 해서 욕망이 채워지는 것이 아니므로 주체는 언제나 만족하지 못한다. 그래서 지속적으로 요구하고 끝없이 자신에 대한 상대의 배려, 관심을 확인하고자 한다.

귀신은 숙모와 조카 간의 관계를 이용하여 욕망을 확장해간다. 안씨 귀신은 아주 당당하다. 그러나 욕망을 일방적으로 확장하다 보니 관계는 파괴되고 만다. 조카는 안씨 귀신이 두려운 나머지, 봉양을 그치고 피해 도망간다.

인간은 귀신이 파괴하고자 하는 의지를 가지고 있을 때 그를 피하고자 해도 그럴 수가 없다. 도망가면 쫓아온다. 이 관계는 인간이 귀신에게 느끼는 기본적인 정서로 아무리 노력해도 해결되지 않는, 트라우마의 속성을 보여준다.

귀신의 파괴적 면모는 조선 지식인을 복합적 심리에 빠뜨리곤 했다. 1600년대 사람인 허목(許穆)의 글에는 귀신을 향한 복합적 심정이 드러난다. 어떤 감정인지 살펴보자.

「요얼(妖孼), 귀신의 재앙」

귀신은 조화를 부리는 영혼이요, 만물의 본체(本體)라서 떼어 놓을 수 없다. 정기(精氣)는 서로 교감할 수 있어서 기도하면 응하고 오게 하면 이른다. 귀신이 바르게 활동하면 겨울은 춥고 여름은 더우며 봄에는 싹이 트고 가을에는 거두게 된다. 또 바람과 비가 제때 알맞게 내려 백곡(百穀)이 풍성해지며 천재지변(天災地變)이 없다. 또 백성들이 질병에 걸리거나 일찍 죽는 일이 없게 된다. 그래서 은(殷)나라 사람은 제사를 엄격히 하여 귀신의 덕을 밝혔던 것이다.

그런데 만약 귀신이 요사를 부려 재앙을 일으키는 경우, 또 죽었음에도 영혼이 흩어지지 않은 경우, 재앙과 복을 준다는 구실로 사람에게 얻어 먹는 경우가 있다면 이것은 절대 귀신의 바른 모습이 아니다.

중국의 책, 『주례(周禮)』에 '때에 따라 역귀 쫓는 궁중행사[대나(大儺)]를 한다. 대나에서 남자 무당은 초미(招弭 : 질병을 없애는 행사)를 하고 여자 무당은 불제(祓除 : 향풀을 삶은 물에 목욕하는 행사)를 하여서 흉악한 재앙을 물리친다.'라고 쓰여 있다. 이처럼 사람들이 귀신의 재앙을 싫어하여 양책(禳磔 : 희생을 잡아 역귀를 쫓는 행사)을 하면서 귀신을 싫어하는 것은 너희 귀신에게도 수치다. **지금 너희 귀신을 위하여 정성껏 재계를 하고 정결한 음식을 장만하여 너희 귀신에게 빌면서 올바른 도리로 권유한다.**

귀신은 지극히 신령하여 이 뜻이 잘 통할 것이니 오직 너희 귀신들도 올바른 도리로 우리 사람에게 보답하여 서로를 침해하거나 모독하지 말아야 한다. 귀신과 사람이 화합하면 국가에 정해진 법이 있어 영원토록 풍성한 대우가 있을 것이니 요망한 악으로 너의 덕을 어지럽히지 말고 재해로 사람을 괴롭히지 말 것이며, **스스로 너희 귀신의 수치가 되는 일을 저지르지 말라. 속히 거행할지어다.** 신유년 4월 25일.

— 「산고속집(散稿續集)」, 『기언(記言)』58권.

달램과 협박, 당근과 채찍이 따로 없다. 허목은 귀신에게 제사를 지내 봉양하면서 은근히 협박을 가한다. 귀신에게 따지는 듯, 달래는 듯 말한다. 허목은 '사람들이 왜 귀신을 싫어하며 쫓으려고 애쓰겠는가' 하고 귀신에게 묻는다. 답은 재앙을 일으키기 때문이라는 것이다. 이에 제사를 하면서 '귀신으로서 올바른 일(鬼神之正)'을 행하라고 권유한다. 따라서 제사는 정성스러운 봉양이라기보다는 귀신을 압박하기 위한 일종의 유인물이 된다.

귀신은 딜레마적 존재이다. 조선의 지배이데올로기였던 유교에서 귀신은 긍정할 수 없는 존재였다. 그러나 존재하지 않는다고 확언할 수 없었다. 인간으로서 대응하기 어려운, 귀신의 파괴성을 어떻게든 제어해야겠다는 생각에서 허목은 당근과 채찍의 전술을 이용하고 있다.

귀신에게 말하기를, 올바른 도리를 행하고 사람을 침해하지 않으면 보상받을 것이라고 한다. 풍성한 대우, 즉 제사를 영원히 받게 될 것이라고 하면서 귀신을 어른다. 귀신의 파괴성을 제어하고자 일종의 협상을 시도하는 인간의 노력과 제어하고 싶은 욕망이 글에 드러난다. 조선의 지배층과 왕실은 이념적으로 성리학적 이성주의를 따르면서도 현실 속에서는 복을 구하고 재앙을 쫓기 위해 끊임없는 행사를 벌였다.

요구를 들어주지 않으면 인간을 파괴하는 귀신은 유명한 고소설 「심청전」에도 등장한다. 아다시피 심청은 인당수의 제물이 된다. 이 인당수에 깃들어 사는 초월적 존재는 지나가는 배에 심술을 부린다.

이때 남경에서 배를 타고 다니는 장사꾼들이 있었는데, 물건을 신고 북경과 다른 여러 나라로 돌아다니며 물건을 사고팔았다. 해마다 큰 바다를 건너는데 유리국 지방에 '인단소'란 물이 있었고 물 가운데 야차(野叉)가 있어서, 작은 배들은 피해를 당하지 않았으나 보물과 비단을 많이 실은 배는 수신(水神)께 사람을 바쳐 제사를 올리고 나서야 무사히 지나갈 수 있었다. 그리하여 해마다 처녀를 사다가 인단소에 제물로 바치곤 했다. 이때 마침 그들이 와서 마을마다 처녀를 사겠노라고 외치며 다니기에, 청이 듣고 기뻐하여 급히 나가서 물었다.
"나 같은 아이라도 사려 하나요?"

— 「심청전」, 경판 24장본.

「심청전」의 여러 판본을 살펴보면 바다 속에서 인간 제물을 기다리는 존재는 수신(水神), 야차(野叉), 용신(龍神) 등으로 표현되고 있다. 이 존재는 재물을 가득 실은 배를 골라 파선시키곤 했다. 사람들은 파괴적 결과를 피하기 위해 희생 제물을 올려야 한다고 생각했다. 최대의 희생은 인간으로 상상되었다. 희생을 받는 귀신을 남성적 존재로 상상했고, 제물로 처녀를 바쳐야 한다고 여겼다. 처녀를 신에게 바친 전통은 오래된 것으로 고구려인이 주몽신에게 처녀를 바쳤고 주몽신이 이를 기뻐했다는 기록이 있다.

망망한 대해, 그 위에 한 조각 배를 탄 사람들은 무슨 일이 벌어질지 모르는 위협에 불안했다. 거대한 자연이 사나워지면 어떻게 피하겠는가. 그럼에도 건너갈 수밖에 없다면?

사람들은 초월적 존재에게는 정면 대응을 할 수 없기에 다른 방법을 강구했다. 그들은 초월적 존재에게 간구하기로 했다. 그리고 자신들의 진실한 마음을 보이기 위해 '희생'을 바쳤다. 희생 제물이 불쌍하지만 큰 피해를 막기 위한 작은 피해는 불가피하다고 생각했다.

바닷속 귀신은 인간의 사정을 돌아보지 않고 막무가내로 요구한다. 요구가 충족되지 않으면 파괴했다. 파괴하는 귀신, 그들은 인간에게 참 일방적이었다.

2. 보호와 감사

사람들은 선신(善神)이 인간에게 복을 주고, 해악으로부터 보호한다고 생각했다. 신화의 서사 논리를 살펴보면, 신 중에 가장 높은 신인 천신이 신화 주인공을 지상에 보냈으며 하늘을 자신이 비롯된 곳, 본향으로 이해했다. 따라서 신은 신화 주인공의 후원자가 되고 보호한다고 믿었다. 그들은 자신의 정체성을 신으로부터 구하였고 그 신이 자신을 보호하리라 생각했던 것이다. 인간은 신에 의지하고 신은 인간을 보호했다. 사람들은 하늘에 제사를 지내면서 보호해 달라고 간구했고 신성과 일체되어 신성한 존재로 거듭나기를 소망하였다. 특히 고대국가의 왕들은 천신의 대리자로서 천신이 지상으로 파견한 자로 자처했다.

한편, 귀신은 선신과 달리 기본적으로 악성(惡性)을 지니기 때문에 사람을 보호하지 않는다. 그러나 보호하는 귀신이 아예 없는 것은 아니다. 때때로 가족, 자손, 친척을 보호하고자 나타난다. 이들을 위하는 일이 곧 귀신 자신을 위하는 일이라고 생각했고 자신의 정체성을 가문에 두었기 때문에 가능했다. 아래 이야기가 그러한 예이다.

보호

유대수는 지금은 고인이 된 유강의 손자로 정언이라는 관직에 이르렀다. 유대수가 상을 당해 묘 아래에서 시묘살이를 하는 때였다. 어떤 종이 그에게 원한을 품고 죽이려 했다. 한편 유대수는 한밤중에 꿈을 꾸었는데 꿈에서, 할아버지 유강이 다급히 와서 창을 밀치고 소리쳤다.

"빨리 일어나 거꾸로 누워라!"

놀라서 깨고 보니 땀에 온몸이 젖어 있었다. 창을 향해 누워 있었는데 몹시 두려워 이불과 베개를 거꾸로 하고 누웠으나 잠들지 못했다. 그때 홀연히 어떤 사람이 창을 열고서는 그의 두 다리 사이에 무언가를 꽂고 달아났다. 깜짝 놀라서 더듬어 보니 대검이 두 다리 사이를 찔러 이불과 옷을 뚫고 요의 자리에까지 닿아 있었다.

유대수는 종들을 불러 뒤쫓게 했다. 달아나던 그 놈은 유강의 무덤 위에 엎어져 꼼짝 못 하고 있었다. 결박해서 촛불에 얼굴을 비춰보니 집안의 종이었다. 그를 몽둥이로 쳐죽였다.

사람들이 모두 말했다.

"유강의 신령이 범인을 무덤 위에 붙잡아 놓고 달아나지 못하게 했으니 기이한 일이다!"

— 『어우야담』 120화.

가족과 같은 가까운 사람들은 서로 연결되어 있다고 믿었다. 이 이야기에서 할아버지 영혼이 손자의 목숨을 구하고 범인도 잡도록 돕는다. 이와 같이 자손을 도운 귀신 이야기는 적지 않다.

감사

귀신이 사람에게 감사를 표하기도 하는데 이러한 이야기에서 귀신은 대체로 자신의 자손에게 은혜를 베풀어준 사람에게 감사를 전하기 위해 나타난다. 아래 이야기에서 귀신은 난리 중 부모를 잃은 자신의 딸을 키워준 양모(養母)에게 나타나 고마움을 표하며 백번 절하여 사례한다.

부제학 유숙의 어머니인 이씨는 서자인 유사종의 딸을 데리고 있었다. 그녀는 어려서 난리를 만나 양친을 잃고 관서지방을 떠돌아다녔는데 이씨가 불쌍히 여겨 그녀를 보살펴 길렀다. 몇 년이 지나서 비녀 꽂을 나이가 되자 혼수를 장만하고 괜찮은 사람을 택해 시집 보냈다.

하루는 이씨가 밤에 꿈을 꾸었다. 유사종이 뜰에서 백번 절하며 사례를 하는데 부녀자들이 입는 붉은 장옷을 입고 있었다. 꿈에서 깨어 슬퍼하며 자녀들에게 말했다.

"지난 밤 꿈에 유사종이 왔더구나. **뜰에서 백 번 절하고 사례하는데 필시 내가 자기 딸을 혼인시킨 것을 알았기 때문일 것이다.** 그런데 남자 옷을 입지 않고 왜 부녀자의 붉은 옷을 입고 있을까?"

그의 딸이 곁에서 듣고서는 자기도 모르는 사이에 목을 놓아 통곡하여 말했다.

"제 아버님은 황해도에서 난리를 만나 떠돌다가 병으로 돌아가셨습니다. 염습할 옷이 없어 저의 어머니께서 붉은 색 장옷을 벗어 입혀 드렸지요. 저승에서 입고 온 옷은 염할 때 입으셨던 옷일 것입니다."

비통해 오열을 이기지 못하니 듣는 사람이 모두 눈물을 흘렸다.
— 『어우야담』 228화.

이 이야기에서 귀신은 인간과 동일한 감정을 가진 존재로 상상되고 있다. 아버지는 죽어서도 가족을 걱정하고 있다. 아버지의 정을 새삼 느끼게 된 딸은 오열한다.

3. 트라우마 치유 추구 : 치유, 복수, 방황

소복, 피 흘리는 핼쑥한 얼굴, 가냘픈 몸. 마음 속 응어리가 풀리지 않은, 싸늘하고도 강렬한 응시. 알아듣기 어려운 중얼거림, 하소연. 현대의 우리가 '귀신'을 연상할 때 대체로 떠올리는 이미지. 현대인이 연상하는 이미지에 가장 가까운 소복녀의 원조격 귀신을 이 유형에서 찾을 수 있을 것 같다.

일반적으로 이러한 귀신은 '원한(怨恨)을 가지고 있다'고 하고 '원귀(冤鬼)'라고 말한다. 작품을 살펴보면 사연이 있어서 죽은 사람을 '원혼(冤魂)'이 되었다고 하며 그 원한이 뼈에 새겨졌다는 뜻으로 '각골지원(刻骨之怨)'이라고 표현하고 있다. 원한은 정신분석학에서 말하는 '트라우마trauma'의 개념에 가깝다. 그러나 원한과 트라우마가 늘 같은 말은 아니다.

원한에 의한 고통은 자신이 알 수 있는 의식적 고통인 반면, 트라우마에 의한 고통은 이와 달리 무의식적이다. 깨닫고 있는, 각성된 고통과 달리, 트라우마는 긴 시간이 지난다 해도 의식이나 의지와 관련 없이 특정 조건에서 반복적으로 나타난다. 의식 상의 정신적 고통과 달리, 이 정신적 상처는 무의식에 잠재된다. 육체적 상처든 정신적 상처든, 상처는 치유되지 않으면 계속 아픈 법. 치유될 때까지 트라우마는 반복된다. 정신분석학에 따르면 억압된 것은 주체의 의지와 상관없이 반드시 돌아온다고 한다.

귀신의 트라우마는 위에서 살펴본, 요구하는 귀신과 달리 개별적이고 특수한 사건을 통해 트라우마가 형성된 것이라 심리적 강도가 강렬하다. 한편 트라우마를 치유하고자 하는 욕망도 아주 강하다. 그런데 트라우마의 치유를 추구하는 방식은 모든 귀신이 같지 않다. 크게 세 가지로 정리할 수 있다.

첫째, **'치유형'**으로 트라우마를 적극적으로 치유하고자 분투하는 귀신이다. 둘째는 **'복수형'**으로 귀신은 파괴적인 방식으로 자신의 트라우마를 발산한다. 셋째는 **'방황형'**으로 귀신은 트라우마의 치유법은 알지 못한 채 방황한다.

치유형 귀신은 억울하게 죽은 사연을 가지고 있지만 이야기는 그것으로 끝나지 않는다. 귀신은 죽은 후에나마 자신의 트라우마를 치유하고자 적극적으로 나선다. 이들은 어떤 방법을 쓰더라도 인간과의 소통을 시도하고 마침내 성공한다. 고소설 「장화홍련전」의 두 자매가 대표적인 치유형 귀신이다.

복수형 귀신은 자신에게 트라우마를 안겨준 상대에게 복수한다. 복수를 통해 귀신이 평안한 상태가 되었는지는 잘 드러나지 않는다. 치유형 귀신이 시시비비를 가리고 자신들의 사회적 위상을 회복하는 데 비해 복수형 귀신은 파괴적인 결과를 동반하기 때문에 그 결과가 처절하다. 그러나 어쩌랴. 도통 상대방 혹은 사회와 소통이 이루어지지 않는 환경에서 귀신이 찾아낸 방식은 복수이다.

방황형 귀신은 잠재된 트라우마를 느끼면서도 어떻게 치유해야 할지 방법을 모르는 귀신이다. 이들은 자신의 요구를 사람들에게 전달하지 못하면서도 인간 세상을 떠날 수 없어 주변을 배회하거나 출구 없는 답답함에 울음을 터뜨린다. 이 유형은 무의식 상의 트라우마를 잘 보여준다. 즉 귀신의 행동은, 인간의 통제 너머에 있는 의미 작용을 드러낸다. 치유되지 않은 트라우마는 말로 표현되지 못하는 법이다.

치유

트라우마의 발생 원인에 따라 귀신이 가진 트라우마의 정서적 강도가 다르다. 트라우마가 발생한 원인에 따라 '집단적 트라우마'와 '개인적 트라우마'로 나눌 수 있다. 전란에 의한 죽음같이 한 사회에서 대규모로 죽음이 발생한 경우, 자연사(自然死)하지 못한 억울한 죽음임은 분명하지만 개인적 원한 관계에 의해 죽은 것은 아니므로 이러한 서사에서 사람과 귀신과의 관계(인귀관계)는 상호보완적이다. 반면 개인의 모략에 의해 죽게 된 경우는 트라우마의 심도가 강렬히 표현되며 인귀관계는 갈등관계에 놓이게 된다.

집단적 트라우마의 치유

전란을 치른 후, 16세기의 작품에 전란에서 백성들이 반이나 창칼에 맞아 죽었다는 서술이 있다. 장례를 치르지 못한 시체가 얼마나 많았는지 실감이 난다.

> 우리 백성들이 반이나 창칼에 맞아 죽었는데 오직 저 강화에 물고기 밥이 되었고 냇가에 흐르는 것은 피요, 산에 쌓인 것은 뼈였다. 그런데 시체를 쪼아먹는 까마귀만 있고 장사 지내 줄 사람

은 없었다.

— 「강도몽유록(江都夢遊錄)」.

전란은 조선 사람들에게 깊은 상처를 주었다. 전란의 충격에 대해 조선의 귀신은 전대의 귀신과 달리, 훨씬 다양한 반응을 보인다. 다른 시대의 귀신과 달리, 인간에게 자주 부탁하고 자주 요구한다. 부탁과 요구의 방법은 때로는 직접적으로 때로는 간접적으로. 왜 그러는 걸까? 인간보다 초월적인 능력을 가졌으면서? 다음 이야기에서 귀신은 무엇을 요구하는 걸까?

만력 갑오년은 전란이 일어난 다음 해이다. 온 나라 사람들이 모두 굶주려 서로 잡아먹기도 했으며 굶어 죽은 시체가 길에 가득했다.

유생 박엽이 지방에 피난했다가 서울에 돌아오니 옛집은 쑥대밭이 되어 있었다. 박엽은 빈 집채에 머물며 굶주림에 시달려서 정신마저 멍하고 흐릿했다. 마시교 남쪽에 사는 친척을 찾아갔다가 밤중에 돌아오는 길이었다.

머리를 땋은 미녀가 자색 비단 저고리에 붉은 치마를 입고 박엽의 옷깃을 스치며 지나쳤다. 박엽은 호협한 사람으로 젊어서는 질탕하여 예법에 어긋한 행동도 마다하지 않았다. 그녀를 붙잡고 마음을 떠보며 말했다.

"낭자는 무엇 때문에 늦은 밤에 길거리에 있는 것이오?"

"기다리는 사람이 있어 여기 있는 것입니다."

"기다리는 사람이 있다면 왜 나를 맞이하여 가지 않소?"

"어렵지 않습니다. 다만 집안 사람들이 수상히 여길 테니 밤이 깊어지면 저희 집에 함께 가시지요."

그 말에 따라 그녀 집에 이르니 집안에는 많은 비복들이 멋대로 누워 자고 있었다. 여자가 말했다.

"굶주린지라 손님을 대접할 만한 것이 없습니다. 이웃집에 새로 빚은 술이 있으니 구해 오겠습니다."

이윽고 그녀는 구리 주발에 혼돈주를 가득 담아왔다. 함께 마신 뒤 더불어 사랑을 나누고 밤새 단잠을 잤다.

새벽이 되어 잠에서 깨어나 보니 여자의 전신이 온통 차갑게 굳어 있었다. 흔들어 보아도 깨어나지 않으니 곧 죽은 사람이었던 것이다.

박엽이 깜짝 놀라 뛰쳐나오면서 보니 집 안에 누워 잠자던 사람들도 자는 것이 아니라 모두 죽어 있었다. 박엽은 동구 밖으로 달려 나오다가 큰길가에 등불이 켜져 있는 집을 보고는 문을 두드리고 다급한 사정을 이야기했다. 그 집은 갓바치의 집이었다. 박엽은 사실을 토로하고 말했다.

"가슴이 뛰고 전신이 떨리니 진정할 수 있도록 술 한잔 주시오."

주인은 가엾게 여겨 베개 옆에 있는 술독에서 술을 떠 주려고 구리 주발을 찾았다. 그러나 구리 주발은 찾을 수 없고 술독 입구를 막아 두었던 종이도 뚫려 있었다. 박엽은 또 한번 놀라며 주발이 있는 곳을 갓바치에게 말하고 함께 그 집에 가 보았다.

그 집은 사족의 집으로 장성한 처자가 굶주림으로 병들어 죽었으며 온 집안 사람들 또한 굶어 죽어서 엎어진 시체가 가득했다. 박엽은 비통해하며 관을 갖추고 수레를 세내어 서교 밖에 장사 지내고 글을 지어 제사를 지내 주었다.

그 후 박엽은 과거에 급제해 지금은 가선 대부 의주 부윤을 지내고 있다.

— 『어우야담』 143화.

여귀가 원하는 것은 무엇인가. 배우자로서 남자? 못 해보고 죽은 섹스? 만남을 통해 귀신이 얻은 결과를 통해 유추해 보자. 그녀는 '장례를 통한 안치(安置)'를 얻어냈다. 죽고 싶지 않았던 죽음. 아무도 모르는 이름 없는 죽음. 묻히지 못한 시체. 이런 상황에 빠진 귀신은 인간 앞에 출몰을 반복한다. 언제까지? 장례가 치러지고 시체가 땅에 묻힐 때까지.

장례는 왜 중요할까? 의례는 언제나 그 자체가 중요하기보다는 의례에 깃든 정신, 마음가짐이 중요하다. 의례 중에서 장례는 인간이 삶을 마감하면서 마지막으로 사회 속에서 자신의 자리를 확인하는 계기를 마련해 준다. 장례를 통해 죽은 자는 새로운 형태의 삶을 사회 속에서 살게 된다. 역설적인 생존이다.

이야기에서 여성은 전란 통에 굶주림으로 죽어 귀신이 되었지만 아무도 모르게 세상을 마치는 것을 원하지 않았다. 자신의 죽음이 공적(公的)으로 인정되기를 바랐으며, 그 의미를 갖는 의례인 장례를 원하였다.

개인적 트라우마의 치유

집단적 트라우마를 촉발한 원인이 전란의 고통이었다면, 개인적 트라우마를 촉발한 원인은 사회적 약자의 성(性)을 둘러싼 왜곡적 시선이 대부분이다. 동서고금을 막론하고 성의 문제는 어떤 문제보다도 양면적 가치를 지닌 것이었다. 성을 즐기면서도, 성을 즐기는 타자에게는 '더럽다'는 평가를 아끼지 않았다. 타인의 즐거움을 억압하려는 사람은 어디든지 있었으니까.

개인적 트라우마를 치유하려는 귀신으로 「장화홍련전」의 두 자매가 대표적이다. 계모의 계략에 따라 두 자매는 결혼 전에 임신했다는 누명 아래 억울한 죽음을 맞지만, 귀신의 모습으로나마 마을 부사에게 나타나 하소연을 하고 이어 누명을 벗고, 트라우마를 치유한다.

여기서는 널리 알려진 「장화홍련전」보다 덜 알려진 고소설 「정을선전(鄭乙善傳)」을 감상해 보자. 결혼 첫날 부부 사이의 문제가 발단이 되어 신부의 트라우마가 발생하고 이를 치유하기 위한 우여곡절이 전개된다. 작품이 생소한가? 교육용 소설로는 부적합하다고 판단되어 알려지지 않았을 수도 있으리라. 그러나 귀신의 신랑에 대한 복합적 심리, 즉 기대와 원망, 사랑받고 싶은 마음과 자신의 결백을 몰라준 신랑의 뒤늦은 후회를 배척하고 싶은 마음 등 귀신의 심리가 잘 드러나 읽는 재미가 있다.

유추년(兪秋年)이라는 여성이 결혼 첫날, 소박 당한다. 계모의 책략에 의한 것이었는데 신랑은 완벽하게 속아 넘어갔다. 신부가 받은 정신적 충격이 얼마나 컸겠는가. 첫날밤과 함께 그녀의 미래와 사회 속에서 그녀가 설 자리가 무너진다. 그녀는 충격으로 죽기에 이르렀고, 귀신이 되었을 정도이다. 결혼 예식이 행해지는 부분부터 인용한다. 번역 문장의 한자어와 풀이는 필자가 이해를 돕기 위해 붙였다.

신랑이 교배석(交拜席 : 전통 결혼식에서 신랑과 신부가 서로 절하는 자리)에 나아가 눈을 들어 신부를 잠깐 보니 머리에 화관

(花冠 : 칠보로 꾸민 여자의 관)을 쓰고 몸에 채의(彩衣 : 여러 가지 빛깔과 무늬가 있는 옷)를 입고 무수한 시녀가 옹위하였으니 그 절묘한 거동이 전에 그네 타던 모습보다 배나 더 낫더라. 그러하나 신부 근심하는 빛이 얼굴에 가득하고, 유모는 눈물 흔적이 있거늘 이상히 여겼지만 누구에게 물으리오.

이에 절을 마치고 신방(新房 : 신랑, 신부가 첫날밤을 치르도록 새로 차린 방)에 나아가니 좌우의 화촉(華燭 : 빛깔을 들인 밀초)과 구름과 안개가 그려진 병풍이 황홀한지라. 초조히 소저를 기다리는 중에 마침 유모가 촛불을 잡고 소저가 들어오거늘 시랑(신랑인 정을선의 벼슬명)이 팔을 들어 맞아 자리를 정한 후에 인하여 촉을 물리고 원앙금침에 나아갔다.

그때 문득 창 밖에 수상한 인적이 있어 놀라 급히 일어나 앉아 있으니 어떤 놈이 말하되

"네 비록 시랑 벼슬을 하였으나 남의 계집을 품고 누웠으니 죽기가 아깝지 않은가 보구나."

하였다. 창틈으로 보니 키가 구척이오, 삼척의 큰 칼을 빗겨 들고 서 있었다. 분을 참지 못하여 탄식하자니 혼례식 때의 생각이 떠올랐다.

'오늘 교배석에서 보니 근심이 얼굴에 가득하기로 이상하게 여겼더니 원래 이런 일이 있었도다.'

분을 이기지 못하여 칼을 들어 소저를 죽여 분을 풀고자 하다가 또 생각하기를

'내 옥 같은 마음을 어찌 저 더러운 계집을 침노하리오.'

하고 옷을 입고 급히 일어나니 소저 놀란 중에 옥성(玉聲 : 옥같이 아름다운 목소리)을 열어 말하되

"군자는 잠깐 앉아 첩의 말을 들으소서."
하였으나 시랑이 들은 체 안 하고 나와 부친께 잠시 인사를 하고 바삐 가버렸다.

결혼 첫날, 신랑이 오해할 만한 일이 벌어졌다. 그런데 이 성미 급한 신랑은 신부의 말은 전혀 듣지도 않고 제 혼자의 상상 속에 분노하여 아무 말도 하지 않고 나가 버린다. 아무 해명도 듣지 않고 아무 해명도 남기지 않고 사라졌다. 소통의 측면에서 두 사람은 자신의 세계에 갇혀 소통의 출구를 찾지 못하였다.

신랑은 갈 곳이 있지만, 신부는 갈 곳이 거의 없다는 데서 문제가 발생한다. 신부는 극도로 좌절한다. 하지만 회복될 기미는 없기에 좌절을 넘어선 고통, 트라우마가 발생한다. 신부는 생존이 무의미하다고 판단한다. 진실과 무관하게 이루어질, 자신에 대한 사회적 평가는 사회적 생존을 위협할 것이 뻔하다.

승상이 즉시 소저 침소에 갔으나 소저는 이불을 덮고 일어나지 않았다. 시중드는 종에게 이불을 벗기게 하고 딸을 꾸짖었다.
"네 아버지가 들어오는데 일어나지 않으니 이 무슨 도리며 정 랑이 무슨 일로 밤중에 갑작스럽게 가니 이 무슨 일인지 너는 자세히 알지니 숨김없이 모두 말하여라."
소저 겨우 말씀 올리기를,
"아버지, 불초한 자식을 두었다가 집을 망하게 하오니 소녀의 불효는 만번 죽어도 아까울 것이 없습니다."
하고 눈물을 머금고 말하지 않으니 승상이 다시 말하였다.
"너는 어찌 한 마디도 하지 않느냐."

두세 번 묻되 여전히 한마디도 답하지 않고 눈물만 비처럼 흘렸다. 승상이 생각하되

'전에는 효성이 지극하다가 오늘 불효를 끼치니 무슨 곡절이 있구나.'

하고 외당으로 나왔다.

이때 유모가 소저를 붙들고 통곡하니 소저는 눈물을 머금고 말하기를

"유모는 나의 원통히 죽음을 불쌍히 여겨 나중에 옳고 그름이 가려줄 것을 바라노라."

하고 혈서 쓴 적삼을 주니 유모는 소저가 죽을까 겁나서 딱 잘라 말하며 위로하니 소저 다시 한마디도 안 하고 반나절을 소리내어 슬피 울다가 숨을 거두니 유모가 적삼을 안고 통곡하며 외당에 나와 소저의 죽음을 알리니

승상이 크게 놀라 말하되

"병들지 않은 사람이 하루의 반이 안 되어서 세상을 버리니 이상하구나."

하고 일장통곡하고 유모에게 인도하라 하여 소저의 빈소에 이르니 쓸쓸한 바람이 소슬하여 들어갈 수 없더라. 그 후에 사람이 소저 빈소 근처에 이르면 죽으니 승상이 능히 염습(殮襲 : 시신을 씻긴 뒤 수의를 갈아입히고 염포로 묶는 일)하지 못하고 종일 슬피 울다가

- 중략 -

한번은 소저를 염빈(殮殯 : 시체를 염습하여 관에 넣어 안치함)하려고 방문을 여니 사나운 기운이 일었다. 이 기운을 쏘인 사람들은 계속 죽었다. 감히 다시 가까이 가지 못하더니 홀연 **소저**

가 슬피 우는 소리가 하늘에 사무쳤다. 그 울음소리를 들은 근처 사람들이 연하여 죽었다.

추녀는 자신의 진실이 소통되지 못할 것으로 판단하고는 그 심적 부담으로 죽기에 이른다. 아버지가 들어오셔도 이불을 쓰고 누워 있는 행동은 자녀가 해야 할 평소의 도리를 못하고 있음을 뜻하며 평상심을 잃었음을 보여 준다. 아버지가 묻는 말에 답한 내용에도 죽음밖에 다른 길이 없음이 비친다. 그러나 이야기는 죽음으로 끝나지 않았다.

이 죽음은 아이러니한 성격을 가지고 있다. 자신의 결백을 밝히기 위해, 즉 사회적 삶을 회복하기 위해서 죽음을 택한다. '살기 위한 죽음'이라는 아이러니. 동시에 죽음을 인정하지 않는다. 그리하여 관이 놓인 방인 빈소에 염습하려고 들어간 사람이 모두 죽는다는 것은 죽음을 인정할 수 없다는 주체의 의지를 표현한다. 이는 사람들에게 자기 죽음의 의미를 생각하라는 자극이며 실마리를 던지는 행동이다.

추녀의 영혼은 소복녀 유형에 가깝다. 이 유형은 죽음 후에도 자신의 진실과 결백을 밝히기 위해 노력을 멈추지 않으며 불특정 다수의 사람들에게 자신의 영향력을 과시한다. 사람들은 영혼이 우는 소리를 듣기만 해도 죽는다. 이러한 파괴적 행위는 치유방법을 알지 못하는 트라우마를 가진 사람들이 고통을 복수로 표현하는 경우에 해당한다. 치유법을 모르는 상태에서 살지도 못하고 죽지도 못한 채 방황한다. 나중에 신랑인 정을선이 전후 사정을 알게 되고 마침내 추녀의 영혼을 찾아가 소통을 시도하는 데서 방황이 치유의 방향으로 전환된다.

한편, 시간이 한참 지난 후 을선이 추년을 찾아가지만, 추년은 그의 접근을 쉽게 허락하지 않는다. 그동안 입은 깊은 정신적 상처 때문에 쉽사리 용인하지 못한다. 그러나 정을선은 포기하지 않고 정성을 다하여 설득하고 이에 추년은 마음의 문을 연다. 드디어 소통의 물꼬가 트였다.

우여곡절 끝에 을선이 추년의 허락을 얻어 추년의 시신과 마주하게 된다.

추년이 시랑을 청하여 들어오라 하였다. 어사가 유모를 따라 빈소에 들어가 보니 좌우 창과 문이 겹겹이 닫혔거늘 어사 좌우로 살피니 티끌이 자욱하여 인귀를 분별하지 못할지라. 마음이 비창하여 불을 들고 보니 비록 살을 썩지 않았으나 시신이 뼈만 남은지라. **어사 울며 말하기를**

"낭자야, 나를 보면 능히 알겠느냐?"

그 소저 공중에서 대답하되

"첩의 용납하지 못할 죄를 용서하시고 천리 먼길을 오시니 아무리 백골인들 어찌 감격하지 않겠습니까. 첩이 박명한 죄인으로 상공의 하해(河海 : 큰 강과 큰 바다)같은 인덕(仁德 : 어진 덕)을 입어 외람된 직첩(벼슬아치의 임명장. 낭자의 사연을 전해 들은 황제가 추년에게 벼슬을 내렸음)을 받자오니 어찌 감격하지 않겠습니까."

어사가 말하기를

"어떻게 하면 낭자를 다시 살릴 수 있을까?"

소저 답하기를

"첩을 살리시려거든 금성산 옥륜동을 찾아가 금성진인을 보고 약을 구하여 오시면 첩이 회생하겠습니다만 상공이 어찌 가서 구하여 오심을 바라겠습니까."

어사가 기뻐 즉시 유모에게 분부하여 행장을 차리라 하니 유모 부처를 데리고 길에 올라 여러 날 만에 옥륜동에 이르러 기구한 산천을 너머 도관을 찾되 운무 자욱하여 능히 찾을 길이 없는지라. 마음에 초조하여 두루 찾더니 한곳에 이르니 한 자리에 묘당(廟堂)이 있거늘 들어가보니 인적이 없어 티끌이 자욱하거늘 두루 찾다가 할 수 없이 도로 나왔다.

그때 묘당 앞 큰 나무 아래 한 구슬 같은 것이 놓였으니 빛이 찬란하고 향취가 옹비하거늘 이상히 여겨 집어 몸에 감추고 이에 묘당을 떠나 유모 부처를 데리고 산과 고개를 넘어 두루 찾으니 들어갈수록 첩첩한 산중이요, 능히 사람을 볼 길이 없는지라. 할 수 없어 이에 산에서 내려와 촌섬을 찾아 밤을 지내고 익주로 돌아와 소저 빈소에 들어가니 소저 반겨 말하기를

"상공이 약을 구하여 오셨습니까?"

어사 답하여 말하기를

"슬프다. 약도 못 얻어오고 다만 행역만 허비했소다."

소저가 말하기를

"상공의 몸에 기이한 광채 비치니 무엇을 길에서 얻지 아니하셨습니까?"

어사가 말하기를

"이상한 구슬이 있어서 가져왔소이다."

소저가 말하기를

"그것이 회생하는 구슬이니 첩이 살 수 있겠습니다."

하고 다시 말을 하지 않으니 어사가 그 구슬을 소저 옆에 놓고 소

저와 동침하여 자다가 놀라 깨니 동창이 밝았는지라. 일어나 보니 구슬 놓였던 곳에 살이 연지빛같이 살아났거늘 그제야 신기하게 여겨 유모를 불러 보이고 구슬을 소저의 몸에 굴리니 불과 하룻밤 사이에 살이 윤택하여 붉은 빛이 완연하고 옛 얼굴이 새로운지라.

반가움을 이기지 못하여 익주자사에게 **약을 구하여 약물로 몸을 씻기고 약을 먹이니 자연 환생하여 정신을 차리는지라.** 어사가 기뻐 어찌할 바 모르며 가까이 나아가니 소저 죽었던 일을 전혀 잊어버리고 어사를 대하매 도리어 부끄러워 유모를 붙들고 통곡하여 말하기를,

"이것이 꿈이냐 생시냐. 부친이 어디 계시뇨?"

하고 슬피 통곡하니 어사 소저의 옥같은 손을 잡아 위로하고 살펴보니 요조한 색덕이 절묘하여 대단한 미인이었다. 생이 크게 기뻐하고 관사에 기별하여 교자를 갖추어 소저를 황제가 있는 도시로 보내려 준비했다. 이때 소저는 유모를 데리고 승상 산소에 나아가 슬피 통곡하였다. 이에 해와 달이 빛을 잃고 초목금수가 위하여 슬퍼하더라.

─「정을선전(鄭乙善傳)」.

죽었던 신부를 살리기 위해 신랑은 모험을 감행한다. 생명 구슬을 얻어다가 신부를 살려내고 신부는 평상의 모습으로 돌아온다.

살아남과 동시에 추년은 트라우마가 치유된다. 즉, 파괴를 일삼고 불안의 심리에서 벗어나지 못했던 그녀는 평상심을 회복한다. 첫째, 자신의 상처였던 죽음의 기억을 자연스럽게 잊는다. 둘째, 아버지의 안부를 묻는 데서 인간의 도리를 생각할 평상심을 갖게

되었으며, 셋째, 신랑을 대하되 부끄러워한다는 사실도 죽음 이전의 심리 상태가 회복되었음을 보여 주는 증거이다.

진실과 결백이 소통되지 않자 죽음을 택했던 귀신은 상대의 사랑과 구원에 의해 '회생'되었다. 이 회생은 두 사람의 소통하면서 가능하게 되었다. 신부를 향한 신랑의 사랑이 방황하는 귀신의 트라우마를 치유하는 원동력이 되었다.

신부의 진실과 결백은 상대인 신랑이 인정할 때만 그 의미를 갖는다. 추녀의 죽음과 회생은 트라우마가 발생하는 조건과 치유의 원리를 보여 준다. 소통을 매개로 한 상대의 인정이 중요함을 확인할 수 있다. 과거나 현재나, 관계 속에서 소통의 문제는 인간이라면 누구나 공통적으로 가지고 있는 문젯거리이다.

복수

주변 사람 중에 스트레스를 긍정적으로 풀지 못하고 상대에게 짜증, 신경질을 내는 사람이 있지 않은가. 이런 경우, 순간적으로 기분이 치유되는 듯하지만 궁극적으로 문제가 해결되기보다는 악화되기 일쑤다. 소통은 이루어지지 않고 짜증은 부정적인 결과를 불러온다. 관계를 개선하지 못하여 파괴적이다.

인간과 귀신 양편 모두 일방적이다. 귀신 중에도 트라우마를 치유하기보다는 트라우마를 경험하게 한 상대에게 복수하는 귀신이 있다. 다음 이야기를 보자.

홍재상이 아직 세상에 이름이 드러나지 못한 때였다. 길을 가다 비를 만나 조그마한 굴 속으로 달려 들어갔더니 굴 속에 집이 있었고 17, 18세 정도의 태도가 어여쁜 여승이 점잖게 홀로 앉아 있었다. 공이 물었다.

"어째서 홀로 앉아 있느냐?"

여승은

"세 여승과 같이 있사온데 두 여승은 양식을 빌리러 마을로 내려갔습니다."

라고 답했다.

공은 마침내 그 여승과 정을 통하고 약속하였다.

"아무 달 아무 날에 그대를 맞아 집으로 돌아가리라."

여승은 이 말만 믿고 매양 그날이 오기를 기다렸으나 그날이 지나가도 나타나지 않자 마음에 병이 들어 죽었다.

공이 나중에 남방절도사가 되어 진영에 있을 때, 하루는 도마뱀과 같은 조그만 것이 이불을 지나가길래 공은 아전에게 밖으로 내던지게 했고 아전은 뱀을 죽여 버렸다. 그런데 다음날에도 조그마한 뱀이 들어오므로 아전은 또 죽여 버렸다. 또 다음날에도 뱀이 다시 방에 들어오자 비로소 전에 약속했던 여승이 그 원인인가 의심하였다. 그러나 자신의 위세를 믿고 아주 없애 버리려고 또 명하여 죽여 버리게 했더니 이 뒤로는 **매일 오지 않은 날이 없을 뿐만 아니라 나올 때마다 몸뚱이가 점점 커져서 마침내 큰 구렁이가 되었다.**

공은 영중에 있는 모든 군졸을 모아 모두 칼을 들고 사방을 둘러싸게 하였으나 구렁이는 여전히 포위를 뚫고 들어오므로 군졸도 들어오는 대로 다투어 찍어버리거나 장작불을 사면에 질러 놓고 보기만 하면 다투어 불 속에 집어던졌다. 하지만 그래도 없어지지 않았다.

이에 공은 밤이면 구렁이를 함 속에 넣어 방 안에 두고 낮에는

> 함 속에 넣어 변방을 순행할 때도 사람을 시켜 함을 짊어지고 앞서가게 하였다. 그러나 **공의 정신이 점점 쇠약해지고 얼굴빛도 파리해지더니 마침내 병들어 죽었다.**
>
> ―『용재총화』4권.

성(性). 이 이야기에서도 성(sexuality)이 주요한 화제이다. 성을 보는 홍재상의 시선은 본능적 욕구였지만 여승의 시선은 인간적 서약이자 믿음이었다.

철석같이 미래를 약속했지만 성적 욕구를 채운 다음에는 결코 철석 같지 않았다. 마침내 여승이 죽고, 이후에 경고성 사건이 일어났지만 홍재상은 깨닫지 못하고 더욱 무리한 행동을 가한다. 불난 집에 부채질하는 격으로. 약속을 지키지 못한 것도 한숨이 나오는 일인데 경고성 사건이 발생함에도 일방적 행위를 가하다니, 일을 크게 만든 것이다.

홍재상은 자신의 행위 때문에 귀신의 트라우마가 점점 더 깊어지고 있음을 파악하지 못한다. 반성은커녕 구렁이를 죽일 궁리만 한다. 그럴수록 구렁이는 점점 커진다. 트라우마의 강렬한 정도가 형상이 증대되는 것으로 표현되고 있다. 큰 구렁이는 트라우마와 복수심을 표상한다.

무슨 수를 써도 구렁이가 죽지 않자 홍재상은 그제야 인간적 노력이 통하지 않는다는 사실을 받아들이고 구렁이를 없애려는 시도를 포기한다. 그 후로는 어디를 가든 같이 간다. 그러나 너무 늦었다. 그는 병들어 죽는다.

누가 그를 죽였을까? 서사의 논리에 따르면 귀신이 죽인 것이 된다. 귀신은 자신을 파괴시킨 홍재상을 파괴했다.

방황

트라우마를 가진 귀신 중에는 이도저도 행하지 못하는 존재, 즉 자신을 위한 치유도, 복수도 하지 못하는 귀신이 있다. 치유의 방법도 복수의 방법도 알지 못한다. 그저 한숨을 쉬면서 인간 사회를 떠나지 못하고 방황할 뿐이다.

여귀들의 집회를 서사화한 「강도몽유록(江都夢遊錄)」과 단편 서사를 살펴보자. 강도는 강화도이며 사건의 시간적 배경은 병자호란(1636~1637년)을 막 치른 어수선한 때이다. 수많은 사람들이 전란의 고통과 정신적 트라우마에 빠졌고, 그 중에서도 여성의 고통은 짐작하기 어렵지 않다. 호란 후, 많은 여성들이 집에 돌아가지 못하고 청나라로 갔다고 한다. 집에 돌아간 여성들은 정절을 의심받았다고 전한다.

작품 속의 여귀들은 제 나이에 죽지 못하고 병자호란 통에 죽임을 당하거나 정절을 지키기 위해 자결한 과거를 갖고 있다. 모여 성토하기를, 전란의 사태를 수습하지 못한 책임자를 거론하면서 그 책임을 추궁한다. 그리고 자신들이 당해야 했던, 가련한 죽음을 떠올리며 눈물을 흘린다.

십여 명의 여자가 돌아가면서 죽은 경위와 사정, 가족 이야기 등을 털어 놓는 순서로 전개된다. 작품의 특징이 드러나는 부분과 종결부를 살펴보자.

> 한 부인이 눈물을 머금고 말하기를
> "임금님이 피난하셨으니 참으로 참혹한 일입니다. 아! 이 운명이 하늘의 뜻인가 아니면 귀신의 장난인가. 진실로 그 이유를 알아낸다면 **이러한 지경에 이르게 한 자가 있으니 낭군이 그 사**

람입니다. 어떻게 하면 그 지위를 오래 보전하고 그 임무를 다할 수 있을까 생각했는데 공론을 살펴 받아들이지 않고 사사로운 감정에 치우쳐 강도의 중요한 임무를 어린 아이에게 부탁하고, 부귀를 기뻐하고 예쁜 꽃과 달에 취하는 것을 즐겨 먼 앞날에 대한 생각을 다 잊어버리니 군무에 대해 어찌 알았겠습니까. ……"

 부인은 자신의 남편이 군무(軍務)를 소홀히 하고 개인의 안위와 즐거움만 추구하다가 이러한 혼란을 빚었다며 참으로 호되게 비판한다. 이어 여귀들은 병자호란의 책무를 소홀히 한 책임자의 이름을 거론하며 비판하기를 마지 않는다.

 다른 여귀의 말도 들어 보자.

 난초 같은 자태와 좋은 성품이 천하에 제일가는 한 사람이 있었다. 비단옷이 다 젖은 것은 남교에 비가 왔기 때문이겠는가. 입술에 물을 머금은 것은 분명히 푸른 바다에 빠져 죽었기 때문이리라. 피눈물을 그치고 붉은 입술을 여니 향기로운 이슬이 맺혀 있고 맑은 목소리는 끊어졌다 이어졌다 하는데 그 말은
 "제 낭군은 선비였습니다. 월지(月池)에서 만나 겨우 수개월이 지났을 뿐인데 큰 재앙이 닥쳤습니다. 살기를 구했으나 살 수 없어 몸을 푸른 바다에 던져 혼과 뼈가 떴다 가라앉았다 하니 **아! 내가 절개를 위해 죽었어도 이미 증거나 없으니 그것을 아는 자는 하늘이요,** 그것을 비추는 것은 태양이나 **한 조각의 곧은 마음을 낭군은 홀로 알지 못하고 혹은 살아서 호지(胡地:**

오랑캐가 사는 땅)**로 들어간 것으로 의심하고 혹은 몸이 길가에서 죽은 것으로 의심하니 어찌 나의 외로운 혼은 그대의 꿈으로 날아 들어가 원망과 회포를 말하고 싶으나 황천은 아득하고 인간 세계는 천리이니 여기저기에 떨어져 있어 혼으로나마 꿈에 나타나고 싶지만 어찌 기약할 수 있겠습니까.** 생각이 여기에 미치면 더욱 망극합니다."
라고 하였다.

진실은 폐쇄되어 있고 알아줄 이는 없다. 전란에 정절을 지키기 위해 바다에 몸을 던져 죽었으나 이 사연을 누가 알겠는가. 남편이 부인의 정절을 알아주기는 만무하다. 병자호란 후 부인이 살아서 청나라로 들어갔는지 어디서 죽었는지 상상할 뿐이다. 자신의 진실을 어느 누구에게도 알릴 수 없이 폐쇄되어 있다. 남편의 꿈에라도 나타나 사연을 알리고 싶지만 그것 역시 맘대로 할 수 없어 기약할 수 없는 일이라면서 슬퍼한다. 죽어서 슬픈 것보다 진실을 알리지 못하는 상황, 즉 소통되지 않는 상황에 좌절하는 것이다.

이런 서사는 어떻게 끝을 맺을까. 어떻게 끝맺는지 작품의 종결부를 인용해 보겠다.

"강도가 함몰되고 남한산성의 위험이 급박한 지경에 이르렀으니 임금의 욕됨이 어떠하겠습니까. 나라의 부끄러움이 바야흐로 깊어 가는데 충신들의 절의는 만명 중 한 사람도 가진 자가 없고 늠렬한 정조는 오직 부녀자들만이 지니고 있습니다. **이 죽음은 영광스러운 것입니다. 어찌 슬퍼하겠습니까?**"
라고 하였다.

이 말이 바야흐로 끝나자 좌우에 있던 **부녀자들이 일시에 통곡하니 그 소리가 처참하고 측은하여 차마 들을 수 없었다.**

선사께서는 혹시라도 들킬까 두려워서 숲속에 숨어 있다가 날이 밝기를 기다려 바로 물러나려 했는데 홀연히 놀라 일어나 깨어 보니 한바탕의 꿈이었다.

―「강도몽유록」.

종결부에서 여귀들은 자신들의 미덕을 스스로 칭찬하면서 늠렬히 정조를 지킨 사람이 남성 중에는 없고 오직 자신들뿐이라면서 자긍심 어린 발언을 한다. 자신들의 죽음이 곧 영광스러운 죽음이라고 위로하지만 결코 진실한 위로가 되지 못하며 결국 이들은 통곡하는 데 이른다. 왜 울까? 소통의 출구를 찾을 수 없는 답답함에 우는 것이다. 트라우마 치유 방법을 알지 못하는 여귀들은 통곡할 뿐이다. 그들은 어떤 출구도 찾지 못한 채 방황한다.

여귀들의 모임은 어떤 스님의 꿈 속에서 벌어진 일로 처리되어 있다. 왜 꿈 속의 일로 설정했을까? 작품 주제가 정치성이 강하여 현실성을 희석시킨 것으로 보인다.

다음 두 이야기는 사고로 죽은 사람이 귀신이 된 이야기이다.

조선시대 초 성균관에 동재(東齋)와 서재(西齋)를 각 10여 칸씩 지었는데 단지 판벽만 갖추었을 뿐 온돌방은 없었다. 이곳에서 기숙하는 선비들은 한기를 견딜 수 없어서 이불 여러 채를 연이어 함께 덮고 자면서 온기를 취했다.

서재에는 진사칸이 있었는데 당시 용모가 수려한 한 젊은 선비가 늘 『이소경(離騷經)』을 읽었다. 함께 기숙하던 진사 두 사람이 그와 함께 자려고 다투어 서로 그의 다리를 잡아당기다가 그 선비는 드디어 다리가 찢겨 죽고 말았다. **그 후로 매양 날씨가 흐리고 비가 음산히 내리는 때, 진사칸에서는 간혹 밤에 '제고양지묘예혜(帝高陽之苗裔兮)'❶라고 책 읽는 소리가 들렸다.** 이 같은 일이 여러 해 동안 계속되었는데 성균관 유생으로 이곳에서 자는 자들은 대부분 꿈을 꾸다가 가위에 눌리곤 하였다.

— 『어우야담』 151화.

유성 유희서는 전란 후인데도 옛 집이 남아 있었고 그 집은 경성의 남산 기슭에 있었다. **매일 저녁 여자의 곡성소리**가 산골짜기에서 들려오더니 점점 집 뒤 솔숲까지 가까워졌다. **곡소리인 듯도 하고 말소리인 듯도 했으나 무슨 말인지는 알 수 없었다.** 이렇게 몇 해가 지났다. 임진란 때 왜적에게 죽은 혼일 것이라고 생각했다. 그 후에 유희서는 적에게 죽고 10년 사이에 일가족이 차례로 죽었다.

— 『어우야담』 556화.

귀신은 특정인을 원망하지도 해코지하지도 않는다. 그러나 특정한 시간에 나타나기가 몇 년 동안 지속되었다. 위 두 이야기에서 두 사람은 자연사하지 못하고 사고로 죽었다. 반복해서 나타난다는 것은 이승에 대한 회한이 남아 있기 때문이다.

위 두 이야기의 귀신과 같은 유형의 귀신은 1600년대 이전에는

---

❶ 『이소경』이 시작되는 부분으로 '옛 황제 전욱 고양씨의 후예이니'라는 뜻.

거의 나타나지 않는 방황형 귀신이다. 방황하는 귀신들은 대체로 말이 없다. 딱히 뭔가를 요구하지도 않는다. 답답한 노릇이다. 그러나 사연이 없지 않다. 할말이 남아 있는 귀신. 그러나 할말을 품기만 하고 풀어 놓지 않는다.

그렇다면 그들은 왜 출현하는가? 특정한 목적도 없다면 더욱 이상하지 않은가? 나타나서 하는 것이라고는 소리를 내는 것뿐인데. 언어화하지도 못한다. 오로지 소리, 목소리를 낼 뿐이다. 사람은 고통스럽고 두려운 외부 세계에 오래 방치되면 치명적인 불안을 느끼게 되고, 이를 감당할 수 없기 때문에 자폐적인 방어기제를 작동시킨다고 한다. 말하지 못하는 상태는 바로 치명적인 불안을 보여 준다.

귀신이 전하는 이 목소리의 기능은 무엇인가. 목소리는 사람들의 주의를 끌고 자신을 기억하게 한다. 전하고 싶은 말의 내용은 구체적으로 전달되지 않지만 **할 말이 남아 있음**을 떠올리게 하여 자신들의 존재감을 확인시키고 그들에 대한 기억을 돌아보게 한다. 이 과정을 통해 귀신은 자신의 존재감을 확인하게 된다.

귀신의 방황은 트라우마에 의한 것이지만 이러한 이야기에서 트라우마는 도돌이표처럼 반복될 뿐 치유될 방법을 찾지 못한다. 트라우마의, **끊임없는 확인**이 이들이 사는 법이며 방어기제다. 한편으로는 생존한 사람들이 자신의 이웃이고 동류(同類)였던 죽은 자들을 기억하는 방식 중 하나다.

실로 모든 귀신의 출현 목적은 표면상의 목적이 무엇이든지 간에 궁극적으로 인간을 통한 자기 존재감 확인이다. 라캉 식으로 말하면 **'존재에 대한 열정'**이다.

여태 우리는 텍스트 안에서 논의했다. 이제 살짝 텍스트 밖으로 나와 보자. 텍스트가 만들어지는 메커니즘을 생각해 보면 텍스트를 만든 생산자의 손을 떠올리지 않을 수 없다. 문학 용어로는 '서술자(narrator)'라고 한다. 귀신서사에서 서술자의 시선은 어디에 있는가? 서술자는 귀신을 응시하며 이해하는 동일시의 시선을 유지하고 있다.

전란이나 사고사처럼, 서술자에게 어떤 이의 죽음이 충격을 주고 트라우마가 될 때 더욱 귀신서사 텍스트가 많아진다. 따라서 서술자의 트라우마와 귀신서사 텍스트는 상관관계가 없다고 할 수 없다. 귀신서사 텍스트를 만들어 내는 일은 트라우마에 대한 생존자 나름의 방어기제 구축법의 일종이다.

chapter 4

탐색-3 :
귀신을 보는 인간의 시선은?

chapter 4
탐색-3 : 귀신을 보는 인간의 시선은?

시선(視線). 눈이 가는 길.

인간의 눈길은 귀신의 어느 모습에 머무는가? 눈길이 머무는 곳에서 의미가 발생하고 해석이 이루어진다. 같은 대상도 시선에 따라 달리 보이므로 대상은 고유한 가치를 지녔다고 할 수 없다. 대상을 보는 주체에 의해 그 가치가 주어지기 때문이다. 인간은 귀신을 자신의 시선, 즉 자신의 방식으로 해석한다.

귀신을 향한 당신의 시선은 무엇인가? 즉, 어떤 해석을 하고 있는가? 두려움? '아니, 두렵긴 뭐가 두렵냐!'고? 글쎄, 홀로 있는 당신 뒤에 서늘히 서 있는 귀신이 두렵지 않다면야.

우리 수중의 자료, 귀신서사로 돌아가 귀신을 바라보는 인간의 시선을 탐색해 보자. 크게 다섯으로 분류된다. 첫째, 두려움이다. 사람들은 귀신을 두려운 대상으로 본다. 둘째, 불안이다. 귀신을 보면 쩔쩔맨다. 불안은 두려움과 비슷하고 두 감정이 같이 발생하기도 하지만 논리적으로 같지 않다. 두려움은 파괴적 상황과 위험에 대해 발생하는 감정이고, 불안은 해결방안이 없어서 이도저도 못하는, 불안정한 심적 상태이다. 두려움과 불안은 귀신에 대한, 인간의 부정적인 감정이다. 셋째, 이해와 소통의 시선이다. 두려움이나 불안에도 불구하고 귀신을 이해하고 귀신과 소통하는 사람들이 있다. 넷째, 거리 유지의 시선이다. 귀신과 거리를 두고 귀신으로 하여금 스스로 굴복하게 만든다. 다섯째, 상대 이용의 시선이다. 속세적 가치를 추구하는 시선으로 귀신을 이용하여 자신의 유익을 취한다. 뛰고 나는 귀신마저 이용 대상으로 삼는 인간의 엄청난 능력이 놀랍다.

위의 다섯 시선은 고전서사에서 추론한 것이지만 현대 서사물을 이해할 때도 유용하다. 귀신이나 괴물 같은 비일상적 존재를 다루는 영화나 소설, 웹 기반 서사 등에는 이 다섯 시선이 골고루 섞여 있다. 작품 감상을 하면서 인간의 시선을 점검해 보라. 동원되는 테크닉이 현대적이고 서사의 플롯이 복잡해 보여도 인간의 시선은 대체로 이 다섯 범주에 담겨 있을 것이다.

이제 두려움, 불안, 이해와 소통, 거리 유지, 상대 이용의 시선을 구체적으로 만나보자. 무섭다면 아늑하고도 낙낙한 이불을 뒤집어 써도 좋다.

1. 두려움

파괴에 대한 두려움

신은 인간과 비교할 수 없는 능력을 가졌기 때문에 경외의 대상이었다. 그런데 초월적 능력을 지닌 존재가 선의(善意)나 보호가 아닌, 악의(惡意)와 파괴욕으로 인간을 대한다면? 으으. 분하지만 당할 수밖에.

귀신에 대한 인간의 원초적인 감정은 두려움이다. 파괴행위를 가하는 초월적 존재 앞에서 인간은 숨을 곳도 피할 길도 없다. 자신의 의지와 상관없이 협박적 분위기 속에서 귀신의 명령에 복종하게 된다. 파괴를 막고 생명을 유지하기 위해서는 복종할 수밖에 없다.

아래 이야기에서 귀신은 사람에게 '자기 말을 듣지 않는다면 해칠 것' ─ 부모를 죽일 것 ─ 이라는 위협을 가한다. 이 말을 들은 사람은 어쩔 수 없이 부모의 생명을 유지하기 위해 귀신의 명령을 받아 무당이 된다.

심양은 충렬왕 초에 공주(公州) 부사가 되었는데 장성현〔현재의 전남 장성군〕의 어떤 여자가 말하기를

"금성대왕(錦城大王)이 나에게 내려와서 **'네가 만약 금성신당(錦城神堂)의 무당이 되지 않는다면 나는 반드시 네 부모를 죽일 테다'라고 하였기 때문에 두려운 나머지 그 말대로 무당이 되었습니다.**"

라고 하였다.

─ 중략 ─

또 그 여자가 같은 현의 사람인 공윤구와 정을 통하고는 귀신처럼 꾸며낸 소리로

"내가 장차 원나라에 가겠는데 반드시 공윤구를 데리고 갈 것이다"

라고 하였다. 그리하여 나주의 수령이 역마(驛馬)를 내주었다.

하루는 역리가 도병마사에게 급히 달려와서 보고하기를

"금성대왕이 옵니다"

라고 하니 도병마사가 한편 놀라고 한편 괴이하게 생각했다.

나주 사람으로서 조정에 벼슬살이를 하는 자가 있는데 그 무당

이 신기하고 또 영험이 있다는 것을 들어 왕에게 말하였으므로 **왕이 신하들과 의논하고 그 무당을 맞아다가 접대하려 하였다.** 그리하여 그 무당 일행이 지나가는 고을에서는 수령들이 예복을 입고 교외까지 나가서 맞이하여 공손히 음식 대접과 잠자리의 마련을 잘 해주었다.

―「심양(沈諹)」, 「열전」 19, 『고려사』 106권.

귀신의 위협에 따라 억지로 무당이 되었다던 여인은 나중에는 되려 귀신의 세력을 이용하여 사람을 현혹한다. 높은 관리나 왕도 귀신의 말이라는 데 마음이 흔들려 무당의 말을 들어준다. 사람들이 무당을 접대하는 이유는 무당 본인을 접대하는 것이 아니라 귀신과 연결된 자이기 때문에 접대하는 것이다. 무당은 이를 이용하여 자신의 이익을 취한다. 한편 수령이나 도병마사, 그리고 왕조차 막연한 경외심에 빠져 무당의 말을 믿는다.

고려에서는 귀신을 두려워하고 섬기는 정도가 심했던가 보다. 한 신하가 왕에게 올리는 간언(諫言)에서 상황이 어느 정도였는지 엿볼 수 있다. 이 글의 필자는 귀신을 섬기는 정도가 너무 심해서 이 상황을 방치할 수 없으며 정리해야 한다고 힘주어 이야기한다.

공자는 말하기를 '자기가 마땅히 섬겨야 할 것이 아닌 귀신에게 제사하는 것은 아첨이다.'라고 하였습니다. 그러나 삼대 이후에는 정도가 유행하지 못한 데로부터 **천하 사람들이 귀신을 두려워하고 요망한 말에 미혹되어 집마다 무당의 굴로 되고 백성들은 잡귀의 제사에 빠져 부모의 신주는 풀밭에 내버리고 이름 없는 귀신을 아첨하여 섬기고 있었습니다.** 아! 귀신은 예가 아닌〔비례(非

禮)] 제사를 받지 않는 것인데 그렇게 함으로써 능히 귀신으로 하여금 와서 감응하도록 할 수 있겠습니까? 이렇게 해 가지고 천의에 합치시키고 천재를 소멸시킬 수 있겠습니까? 그렇기 때문에 사특한 기운이 뭉치고 음과 양이 순조롭지 못하게 되어 여름 서리가 풀을 죽이고 해가 일식하고 별들이 궤도를 바꾸며 바람, 우박, 얼음, 한재 등 재앙이 없는 해가 없으니 하늘이 경고함이 지극한 것이며 이는 모두 인심과 풍속이 바르지 못하고 괴상한 것만 좋아한 때로부터 초래된 것입니다.

―「이첨」,「열전」 30,『고려사』 117권.

고려 사람들이 귀신을 상당히 두려워했나 보다. 집집마다 귀신에게 제사 지내고 부모의 제사는 지내지 않는다고 하니 어느 정도였는지 알 수 있다.

흥미로운 건 귀신을 두려워하여 제사 지내는 사람이 많았다는 사실만이 아니다. 기본적으로 간언을 올린 사람도 귀신이 없다고 생각하지 않았다. 귀신이 있지만 잡귀가 아닌 바른 귀신이 있는데 바른 귀신을 봉양해야만 세상일이 제대로 되어 재앙이 생기지 않을 거라고 한다. 이름 없는 귀신, 잡귀를 모시지 말고 부모 제사와 같은 바른 제사를 모시도록 권면한다. 그러면 하늘의 뜻에 합치되고 재앙이 없어질 것이라고 믿고 있다.

앞의 3장에서도 보았듯, 귀신이 재산을 훼손하고 사람의 정신과 육체의 건강을 해치는 이야기는 많이 전한다. 때로는 성적(性的) 문란을 일으키기도 한다. 여귀가 남성을 유혹하고 남귀가 여성을 희롱한다. 아래 이야기에서는 한 여성이 귀신에 의해 임신하게 되었다 한다. 이를 귀태(鬼胎)라고 했다. 실제로 여성이 어떻게 임신

했는지 알 수 없으나, 어찌하였든 이야기에서 이 여인은 귀신에 의해 피할 수 없는 임신을 한 것으로 이야기된다. 이처럼 집안이 어수선해지자 집안 남자가 용기를 내어 귀신을 쫓아 보려고 마음먹는다. 아래의 단편 서사를 보자.

> 내 친구 성번중의 집에 일찍이 귀신의 장난이 있었는데, 초저녁 종이 울릴 무렵에 은은히 서산(西山)의 수풀 속에서 나와 돌을 던지기도 하고 불을 붙이곤 했다. 한 여종을 능욕(凌辱)하여 임신하게 했다. 마치 사람과 접촉하는 것 같았다고 한다. 사람 사는 집에 이따금 이러한 환란이 생기기도 했다. 의원들이 '귀태鬼胎'라고 말하는 것이 이러한 것인데 백방으로 막으려고 애써도 되지 않는다.
>
> 번중은 강건하고 바른 기운이라야 그것을 누를 수 있다고 여겨 술을 흠뻑 마시고 기운을 내어 수레 밖에 혼자 앉아서 얼굴빛을 엄하게 하여 두려움이 없는 것처럼 하고서 귀신이 오는 방향으로만 바라보며 잠시도 눈을 깜박이지 않았다. 이렇게 하여 두서너 시간을 지나도 아무 소리와 자취도 없기에 마음으로 귀신이 겁이 나 도망간 줄 알고 곧 몸을 돌려서 문턱을 넘으려 하는데, **갑자기 마음이 떨리더니 귀신이 던진 돌이 벌써 발뒤꿈치에 떨어졌다.**
>
> 정기(正氣)가 진실로 사특한 기운을 누를 수 있지만, 조금이라도 정기가 부족함이 있으면 사기가 도리어 그 틈을 타고 들어오게 되니, 주의해야 한다.
>
> ─『용천담적기(龍泉談寂記)』.

성번중은 자신의 위엄과 정도(正道)에 대한 믿음으로 두려움을 조절하고 귀신을 쫓아보려 하지만 **순간적으로** 마음이 흔들리자 이 틈을 놓칠세라 귀신이 소동을 피운다. 마음이 여간 굳지 않으면 귀신은 순식간에 두려움의 대상이 되고 이어 귀신은 파괴적 행위를 시작한다. 귀신은 인간의 심리 메커니즘을 상당히 잘 안다. 인간이 강한 의지를 가지고 있을 때는 범하지 못하다가 약해지면 즉시 공격을 가한다. 이 이야기는 사람들이 생각한 귀신의 기본 속성을 잘 보여 주고 있다.

의연함 뒤에 숨은 두려움

파괴적 귀신에 대한 두려움. 그러나 사람들도 가만히 있지 않았으며 악귀를 쫓기 위해 여러 방법을 강구하였다. 쫓는 법을 개발하던 초기에는 말과 글, 즉 **언어**가 이용되었다. 고대인은 언어에 힘이 있다고 믿었다. 글을 쓰고, 노래를 부르며 주문으로 외웠다. 한 예로 신라에서는 문구를 써서 붙이면 귀신을 쫓을 수 있다고 믿었다.

> 성스러운 왕의 혼〔聖帝魂〕이 낳은 아들
> 비형랑의 집과 정자로다.
> 날고 뛰는 모든 귀신 무리들아
> **이곳에는 머물지 마라.**
> ─「도화녀비형랑」,『삼국유사』.

위협과 명령으로 귀신을 쫓을 수 있다고 믿었으며 쫓기 위해서 의지할 대상이 필요했다. 여기서는 비형랑이 그 대상이다. 재미있는 것은 비형랑 그 자신이 혼령의 자식이었으며 귀신의 무리와 더

붙어 다니는 존재로서 보통 인간이 아니라는 점이다. 같은 류끼리 쫓아낼 수 있다는 생각, 그리고 특정 지역은 귀신의 힘이 미치지 않는 곳으로 이해되었음을 알 수 있다.

또 귀신을 쫓는 직업적 술사도 있었다. 귀신을 쫓는 돌이나 폭죽, 복숭아 나뭇가지, 부적 같은 도구도 등장하였다. 폭죽과 도부에 대한 기록이 고려 말 문인, 이곡(李穀)의 1341년 시에 전한다. 그 시의 마지막 장에서 폭죽과 도부가 귀신 쫓는 일에 사용되었음을 알 수 있다..

「신사년 원일에 감회에 젖어 / 辛巳元日有感」

아이들 너도나도 새봄 맞아 기뻐하며 / 兒童共喜見新春
폭죽과 도부로 나쁜 귀신들 쫓아낸다네 / 竹爆桃符辟鬼神
우스워라 나도 옛날엔 너희들과 같았는데 / 笑我異時如汝輩
지금은 자꾸 나이만 먹는 게 겁이 난단다 / 而今却怕得年頻
— 『가정집』 16권, 율시.

시 제목의 '원일(元日)'은 설날이다. 폭죽은 섣달 그믐날 밤과 새해 아침에 터뜨려 질병을 옮기는 악귀를 쫓는 것이고 도부(桃符)는 두 개의 복숭아나무 판자로 만든 부적이다. 중국 황제에게 지상 귀신을 통제하는 임무를 부여받은 두 신, 신도(神荼)와 울루(鬱壘)의 이름을 써서 벽사의 목적으로 정월 초에 문간에 걸어 두었다고 한다.

궁궐에서도 귀신 쫓는 '나례(儺禮)'를 성대히 치르기도 하였다. 그러나 위와 같은 축귀와 구나의 배경에는 귀신이 두렵다는 의식이 깔려 있다. 두렵지 않으면 쫓을 생각도 하지 않을 것이기 때문이다. 곧 나례의 필요성은 두려움을 쫓기 위한 방편으로 자기 보호 본능에서 나온 인간의 자구책이다. 의연함 뒤에 두려움이 숨어 있다.

고려 왕정에서 벌어진 귀신 쫓는 의식, 나례

고려의 궁에서는 역신을 쫓기 위한 의식인 '나례'를 대대적으로 벌였다. 나례를 시행했다는 첫 기록은 1040년 정종 대에 보인다. 나례는 중국 당나라의 영향을 받은 것으로 알려져 있는데 고려 말에 가면 연희 성격을 띠나 초기에는 숙연한 의식이었다.

『고려사』 64권에 나례의 진행 절차가 상세히 나온다. 의식은 준비 단계와 당일 의식으로 나눌 수 있다. 기본 정보를 정리하면서 나례를 이해해 보자.

1) 목적 : 궁중의 역귀 쫓기

2) 일시 : 12월 마지막 날 새벽

3) 장소 : 궁중

4) 인원 : 진자, 집사자, 공인

   (1) 진자(侲子)

      - 12세~16세 어린 소년, 소녀

      - 인원수 : 48명

      - 복장 : 탈, 붉은 베 바지

   (2) 집사자(執事者)

      - 인원수 : 12명

      - 복장 : 붉은 수건, 붉은 창옷(槍衣), 채찍

(3) 악사(工人)

　① 방상씨(方相氏)

　　- 인원수 : 1명

　　- 복장 : 네 눈이 달린 황금빛 탈, 곰 가죽의 검정 옷, 붉은 치마, 오른손에 창, 왼손에 방패

　② 창수(唱帥 : 먼저 외치는 사람)

　　- 인원수 : 1명

　　- 복장 : 탈, 가죽 옷, 몽둥이

　③ 고각군(鼓角軍 : 북을 두드리고 피리를 부는 사람)

　　- 인원수 : 20명

　　- 4명은 기를 잡고 4명은 피리를 불고 12명은 북을 치면서 궁중(禁中)의 악귀를 쫓음

5) 의식 준비

　(1) 음식 차리기

　　다섯 개의 문[의봉(儀鳳), 광화(廣化), 주작(朱雀), 영추(迎秋), 장평(長平)]에 술, 과실 등 양물(禳物 : 귀신에게 대접하는 음식)을 미리 차려 놓는다.

　(2) 구덩이 파기

　　각 문의 위쪽에 구덩이를 적당한 너비와 깊이로 파둔다.

　(3) 의식 치를 인원 집합

　　굿하기 전날 굿할 사람들은 각각 집합소로 가서 의복과 도구를 갖추고 차례로 정렬하여 대기한다.

6) 의식 당일 절차

　(1) 의식 당일 새벽에 여러 경위대에서는 지정된 시각에 대원들을 단속하여 문에 집결하였다가 궁중의 뜰 아래로 들어

가 평상시와 같이 정렬한다.
(2) 굿하는 사람들이 궁궐 문 밖에 모인다.
(3) 내시가 왕이 있는 내전 앞으로 가서 '진자가 다 모였으니 궁중의 역귀(疫鬼)를 쫓으소서.'라고 아뢴다.
(4) 내시가 나와서 굿하는 사람들에게 궁중으로 들어가도록 명령한다.
(5) 진자들은 북을 치고 떠들석하게 들어간다.
(6) 방상씨는 창을 들고 방패를 휘두르며 창수는 진자들을 인솔하고 따라 다음과 같은 내용을 외친다.

"갑작(甲作)은 흉을 잡아 먹고 비위(胇胃)는 역신(疫)을 잡아먹고 웅백(雄伯)은 도깨비(魅)를 잡아먹고 등간(騰簡)은 불상(不祥)을 잡아먹고 남저(覽諸)는 구(咎)를 잡아먹고 백기(伯奇)는 몽(夢)을 잡아먹고 강량(强梁)과 조명(祖明)은 다 같이 책사(磔死)와 기생(寄生)을 잡아먹고 위수(委隨)는 관(觀)을 잡아먹고 착단(錯斷)은 거(巨)를 잡아먹고 궁기(窮奇)와 등근(騰根)은 다같이 고(蠱)를 잡아먹는다.

이상 열 두 귀신으로 하여금 흉악한 악귀들을 내쫓을 것이며 너희들의 몸뚱이를 물어 뜯고 너희들의 허리뼈를 꺾으며 살을 찢고 내장을 뽑게 할 것이다. 너희들이 빨리 물러가지 않고 뒤떨어지는 놈은 열두 귀신의 밥이 될 것이다."

라고 외치고 앞뒤로 다니면서 북을 치고 떠들다가 궁궐 밖으로 나간다.
(7) 성문에서도 위와 같이 하고 성 밖으로 나가서 그만둔다.

(8) 굿하는 사람들이 성문 밖으로 나갈 무렵에 태축(太祝)은 중문(中門) 앞에 남쪽을 향하여 귀신의 자리를 마련하였다가 그들이 아주 나간 후에 재랑(齋郞)은 그 위에 돗자리를 펴고 북쪽을 위로 귀신의 자리를 마련한다.

(9) 재랑이 술을 부으면 태축은 잔을 받아 신좌 앞에 드린다.

(10) 축사(祝史)가 축판을 가지고 와서 신좌의 오른편에서 꿇어앉아 축문을 읽는다〔태음신(太陰神 : 달신)에게 제사를 지내고 축판은 태축의 이름으로 읽는다〕.

(11) 축문을 읽은 다음 축사는 일어나 축판을 자리에 놓는다. 그리고 굿한 음식과 술을 구덩이에 파묻고 물러간다.

상당히 많은 인물이 의식에 참여하고 있다. 귀신을 쫓는 핵심 주체는 누구일까? 탈을 쓴 인물들이다. 방상씨, 창수, 진자들. 탈을 씀으로써 평범한 인간이 아니게 되고 귀신을 대적할 수 있다고 생각했다.

방상씨는 곰가죽으로 만든 검은 상의에 붉은 치마를 입고 눈이 넷 달린 탈을 썼는데 무서운 외모로 귀신을 제압하려 했다. 〈그림 14〉의 방상씨 탈을 보면 눈 아래 눈이 한쌍 더 있으며 이마는 주름져 있고 눈썹, 귀, 코, 입 모두 윤곽선이 분명하다. 한쌍 더 달린 눈으로 숨은 귀신을 더 잘 탐색할 수 있지 않았을까?

한편 진자를 거느린 창수는 위협적인 소리로 귀신을 쫓았다. 우리가 〈탐색 2〉에서 확인했던 '동일종이 동일종을 쫓을 수 있다'는 생각을 여기서도 볼 수 있다. 창수가 귀신에게 말하기를 빨리 물러가지 않으면 귀신의 밥이 될 것이라고 위협한다. '열 두 귀신으로

〈그림 14〉 방상씨 탈

하여금 흉악한 악귀들을 내쫓을 것이며 너희들의 몸뚱이를 물어뜯고 너희들의 허리뼈를 꺾으며 살을 찢고 내장을 뽑게 할 것이다. 빨리 물러가지 않고 뒤떨어지는 놈은 열 두 귀신들의 밥이 될 것이다'의 말이 이러한 생각을 보여 준다.

'진자'로 불리운, 여릴 것 같기만 한 12~16세 사이의 어린 소년 소녀에게 귀신 쫓는 힘이 있다고 생각한 것은 어른이 아닌 아이에게 신성(神性)이 전수되던 신화적 관념과 관련이 있다. 신화를 떠올려 보라. 하늘에서 내려온 신성한 주인공은 모두 아기거나 아이였다.

나례가 얼마나 성대했고 사람들의 관심을 모았는지는 아래 기사에 잘 드러나 있다.

> 예종 11년 12월 기축일에 **큰 나례를 하였다.** 이보다 앞서 환관(宦官)들이 굿을 좌우 두 패로 갈라 맡고 서로 이기겠다고 하여 왕은 친왕(親王)에게 명하여 이를 나누어 주관하게 하였다. 그리하여 모든 광대와 여러 재주군 이외에 지방에서 기생들까지 불러

들이고 원근에서 구경꾼이 모여들어 깃발이 길에 널리어 궁중에 가득 찼다.

이 날 간관(諫官)들이 합문(閤門)에 가서 간절히 간한 결과 겨우 그들 중에서 가장 추잡한 자들을 축출하게 하였으나 날이 저물어지자 다시 모여 들었다.

왕이 구경을 하려 할 때 좌우 양편에서 제각기 먼저 재주를 보이려고 서두는 통에 질서가 아주 문란하였다. 그래서 다시 400여 명을 축출하였다.

― 「계동대나의(季冬大儺儀 : 12월에 큰 액막이 굿을 하는 의식)」, 「예」 6, 「지」 18, 『고려사』 64권.

고려의 나례가 얼마나 성대하게 치러졌는지 엿볼 수 있다. 피지배층의 관심도 대단했다. 광대, 재주꾼, 지방에 거주하는 놀이패와 기생을 널리 불러 일종의 공연을 하게 한 것으로 보인다. 여기에 구경꾼까지 합세하여 궁궐과 주변에는 사람이 빼곡했다고 한다. 이 중에서 지저분한 자들을 쫓아냈으나 날이 저물면 또 모여 들었다 하니 나례가 저녁에도 열렸음을 알 수 있다. 나례의 규모와 계층을 아우르는 사람들의 관심을 짐작할 수 있다.

나례의 전통은 조선에도 이어졌다. 관상감 주관으로 섣달 그믐 전날 밤에 창덕궁과 창경궁의 뜰에서 실시했다고 전한다. 12월 30일이 되겠다. 15세기 저작인 『용재총화』에 그 이야기가 전한다.

다음과 같은 이야기는 어떤가. 귀신을 쫓아내는 사람의 일화가 전한다.

나의 외삼촌 안공은 성질이 엄하고 굳세어 12주 현을 역임하였으나 추호도 남의 것을 범한 일이 없으니, 관리들이 두려워하고 백성들은 따랐다. 또 귀신의 형체를 잘 보았는데 일찍이 임천(林川) 군수가 되었다.

하루는 이웃 관리들과 술 마시고 있을 때에, 사냥개가 원중(苑中)의 큰 나무를 향하여 매우 짖어댔다. 공이 돌아보니 높은 관을 쓰고 얼굴이 큰, 어떤 괴물이 나무에 의지하여 서 있다가 **안공이 뚫어지게 바라보니** 점점 사라졌다.

또 하루는 하늘이 흐리고 비가 부슬부슬 내리는데, 공이 변소에 가게 되어 아이 종이 촛불을 받들고 앞을 인도하는데, 대숲 속에 한 여자가 붉은 난삼(襴衫)을 입고 머리를 풀고 앉아 있기에 **공이 곧장 그 앞으로 가니 여자가 담을 넘어 달아났다.**

또 그곳의 풍속이 귀신을 공경했는데, 관아에 입주하는 자가 계속해서 죽으므로 고을 사람들이 도깨비 숲이라고 버려 두었다. 공이 와서 처음으로 들어가고자 하니 고을 사람들이 눈물을 흘리며 말렸으나 **공은 듣지 아니하였고, 민간의 음사(淫祠** : 내력이 올바르지 않은 귀신을 모셔 놓은 집)**도 모두 태워 헐어버렸다.**

관청 남쪽에 오래된 우물이 있는데, 고을 사람들은 그 속에 귀신이 있다 하여 앞을 다투어 모여들어 복을 빌므로 **공이 명령하여 이를 메우게 하였더니,** 우물에서 소가 우는 것 같은 소리가 사흘이나 들려왔다. 고을 사람들이 메우지 말라고 청하니, 공은 말하기를,

"우물이 필시 슬퍼서 곡하는 것인데 무슨 괴이한 일이 있겠느냐."

하자, 이로부터 모든 요사스러운 피해가 없어졌다. 공은 마침내

그 공이 최(最)에 올라 다른 데로 영전되었다.

또 공이 서원(瑞原) 별장에 오랫동안 있을 때에 길 옆에 고목 한 그루가 있었는데, 그 크기가 몇 아름 되고 높이가 하늘을 찌를 만했다. 하늘이 흐리면 귀신이 휘파람을 불며 밤이면 불을 켜놓고 시끄럽게 떠들었으며, 공이 매를 놓아 꿩을 쫓다가도 그 나무 근처에 들어가면 찾을 수가 없었다.

마을의 어떤 소년이 용기만 믿고 가서 그 나무를 자르다가 귀신이 붙어 밤낮으로 미쳐 날뛰니 온 동네 사람들이 당하지 못하였다. 그러나 공의 이름만 들으면 빨리 보이지 않는 곳으로 달아나 피하였다.

공이 그 집에 가서 문 밖의 평상에 앉아 사람을 시켜 머리털을 나눠 끌어내도록 하니 소년은 안색이 검어지며 애걸하였다. 공은 꾸짖기를,

"너는 마을에 있는 지 2백여 년이 되는데 불을 켜놓고 해괴한 행동을 하며 내가 지나가도 걸터앉아 불경한 짓을 하고 매를 놓으면 숨겨두고 내놓지 않더니, 지금은 또 이웃집을 괴롭히니 무엇을 얻고자 하는 짓이냐."

하니, 소년이 이마를 땅에 대고 공손히 사죄하였다. **공이 동쪽으로 뻗은 복숭아 나뭇가지를 잘라 큰 칼을 만들어 목 베는 시늉을 하니, 소년이 몸을 굴리며 길게 울부짖고 죽은 것처럼 땅에 엎드려 깊이 잠들었다가 3일 만에 비로소 깨어나더니 광태가 갑자기 사라졌다.**

해주 목사까지 하고는 벼슬을 버리고 사방을 두루 돌아다녔는데, 매를 팔뚝에 얹고 누런 개를 끌며 어린 종 수십 명과 함께 물고기 그물과 짐승 그물을 싣고 다니며 들에서는 고기를 잡고 산

에서는 짐승을 쫓았다. 공이 또 활쏘기를 잘하여 사슴과 멧돼지를 맞히지 못함이 없고, 항상 튼튼한 말을 타고 천길이나 되는 언덕을 달려 내려가도 빠르기가 나는 새와 같았는데 살촉이 서로 연달아 이어져 보는 사람이 탄복하지 않은 이가 없었다. 향년이 70세로 세상을 마쳤다.

—『용재총화』3권.

위 이야기는 귀신을 두려워하지 않은 외삼촌에 대한, 조카의 글이다. 인귀관계는 '쫓는 자와 쫓겨나는 자'의 구도로 설정되어 있다. 귀신은 무조건 쫓아야 할 나쁜 것이어서 안공은 축귀에 열중한다. 귀신을 마주치면 노려보고 거처가 드러나면 없애 버린다. 축귀는 일방적으로 이루어지고 안공은 매번 승리를 거둔다.

이러한 승리도 귀신이 실제로 존재함을 인정한 후에 가능한 무용담이며 그 존재를 믿었기 때문에 있을 수 있는 이야기들이다. 귀신이 없다는 게 아니다. 있으니 쫓아내야 한다는 것이다. 이는 사특한 것을 인정하지 않는, 조선의 성리학적 지배이데올로기를 반영한다.

그렇다면 안공은 이성적일까? 나무귀신이 붙은 소년에게서 귀신을 떼어내기 위해서 복숭아나무칼을 만들고 이것으로 목을 베는 시늉을 했다. 중국과 한반도에서 복숭아나무는 축귀의 도구로 사용되어 왔다. 중국인들은 복숭아나무 판자에 신도와 울루의 상을 조각해서 대문에 붙여두고 귀신을 쫓았다.

복숭아나무칼로 귀신의 죄를 다스린다는 행위는 귀신을 실제의 죄인 다루듯 벌한다는 상징적 행동이다. 이 행동은 공감 주술(共感呪術, sympathetic magic)의 원리에 따른 것이다. 공감주술은 비슷한 행동을 하면 원하는 결과를 얻을 수 있다는 신화적 사유방식에서 비롯된다. 이야기에서 안공은 악귀를 쫓으려 했지만, 자신이 취한 축귀의 방법도 이성적 방법이라기보다는 전승되는 축귀법과 주술의 원리를 따랐다. 이 점에서 그의 사고와 행동방식은 귀신에 대한 두려움을 기본 바탕으로 한 것이지 두려움에서 온전히 자유로웠다고 할 수는 없다.

귀신을 쫓아낸 공은 두려움에서 벗어난 사람일까? 당신 생각은 어떠한가?

2. 불안

'불안(不安)'은 현대인에게 익숙한 정서이지만 고전작품에서는 조선에 이르러서나 보인다. 왜일까? 조선 전 사람들은 불안을 느끼지 못했을까? 그런 것은 아니다. 다만 그 전 사람들은 치유법을 알아냈지만 ― 현대의 우리 눈에는 그 치유법이 쉽게 이해되지 않지만 ― 조선시대 사람들은 쉽게 해결법을 찾지 못했던 것으로 판단된다. 조선을 강타한 각종 전란으로 말미암아 심각한 수준의 트라우마가 대규모로 발생했고 더욱이 사람들은 치유법을 알지 못했다. 따라서 불안의 정서가 조성되었다.

'불안'은 이도저도 못하는 불안정한 상태의 정서이다. 얼핏 두려움과 비슷해 보이지만 같지 않다. 두려움은 파괴적 행위에 대한 정서이고 불안은 상대의 욕망을 알지 못할 때 느끼게 되는 정서이다. 귀신과의 관계에서 두려움은 귀신이 해치고자 할 때 느끼는 정서이고 불안은 두려움을 먼저 느낀 후 치유법을 알지 못할 때 느끼는 정서이다. 불안이 늘 트라우마와 연결되는 것은 아니지만 트라우마의 정서는 불안이다.

'살아간다'는 것은 인간이 상대, 대상, 세계 등(이하 '세계'로 통칭함)과 끊임없이 관계를 맺는다는 것이다. 혼자 살 수 없기에 주체는 언제나 세계와 마주하지만 이해하려 애를 써도 세계를 다 알 수 없다는 면에서 주체와 세계의 관계는 기본적으로 트라우마적이다.

귀신이 파괴행위를 하지 않아도 귀신을 본 순간 불안에 휩쓸리는 인간의 이야기는 17세기 즈음부터 본격적으로 보인다. 불안한 인간은 귀신에 미혹되지도 않지만 귀신을 쫓아내지도 못한다. 말 그대로 이러지도 저러지도 못한다. 다음 이야기를 보자.

깊은 밤에 갑자기 하나의 거물(巨物)이 나와 책상 앞에 엎드렸는데 고약한 냄새가 코에 역겨웠다. 정백창이 자세히 보니 그 물체는 눈이 튀어나오고 코는 오그라졌으며 입 가장자리가 귀까지 닿고 귀는 늘어졌으며 머리털은 솟구쳐 있었다. 마치 두 날개가 활짝 펼쳐져 드리운 것 같았고, 몸의 빛깔은 청홍색인데 일정한 형상이 없어 무슨 물체인지 살필 수가 없었다.

정백창은 그것이 괴귀임을 깨닫고는 **놀라는 기색 없이 침착하게** 책읽기를 그치지 않았다. 산가지를 세어 가면서 몇 차례 반복해서 책을 읽으면서 여전히 태연자약하니, 그 물체가 오랫동안 다가오지도 물러나지도 않았다.

마침내 정백창이 이웃 방의 중을 불렀는데 밤이 깊어 모두 잠든 까닭에 서너 번 부른 다음에야 응답했다. 그 물체는 도로 불탑 뒤의 구멍으로 들어갔다.

> 정백창은 일어나 중의 방으로 들어가 술을 구해 큰 그릇으로 한 그릇을 들이켜고 나서야 정신이 안정되었다. **이때 정신을 차리느라 손을 꼭 쥐고 있었는데 손톱이 손바닥을 파고 들었다.**
>
> ―『어우야담』 138화.

사람은 귀신의 존재를 지각하지만 귀신을 쫓지도 못하고 그렇다고 귀신에게 미혹되지도 않는다. 축귀(逐鬼)하지 못하는 이유는 자신의 힘이 귀신보다 약하기 때문이며, 반대로 미혹되지도 않는 이유는 귀신과 소통을 아예 시도하지 않기 때문이다.

소통의 측면에서 두 주체는 소통을 시도하지 않았기 때문에 별 사건이 일어나지 않는다. 주인공 정백창은 자신이 제어할 수 없는 상황에 심적으로 짓눌려 있다. 귀신은 달리 위협을 가하지 않았지만, 정백창은 피해를 입을 수도 있다는 예상 때문에 일차적으로 두려웠고, 이어서 불안의 상태에 빠져 이도저도 못한다. 인간은 귀신의 존재를 지각한 것만으로도 심리적으로 위축된다.

불안은 위 이야기처럼 두 주체, 즉 귀신과 인간이 '만나서 지각하되 소통하지는 않는 이야기'에서 중심적 정서로 드러난다. 슬며시 나타났다가 슬며시 사라지는 귀신 이야기가 바로 불안에 기반한 이야기이다. 현대에 가까울수록 불안이 극한적으로 표출된다.

다음 이야기도 불안의 시선을 담고 있다. 그런데 불안한 사람은 누구일까? 찾아보자.

> 무술이 뛰어난 김덕생이라는 사람이 있었다. 그는 태종조(太宗朝)에 공이 있어 여러 번 벼슬하여 상장군(上將軍)에 이르렀다.

김덕생에게는 친구 모씨가 있었는데, 그 친구는 일찍이 김덕생을 따라 종군하다가 잘 알려지게 된 사람이다.

김덕생이 죽은 지 10여 년이 지난 뒤의 일이다. 어느 날 김덕생의 친구 모씨는 저녁 잠자리에서 갑자기 놀라 일어나 큰 소리로 외치다가 다시 잠들었다. 조금 있다가 또다시 놀라 일어나 소리를 질렀다. 이 때 모씨의 부인이 이상히 여겨 물으니, 모씨가 다음과 같이 말하였다.

"마침 김 장군을 만났는데 흰 말을 타고 활과 화살을 메고는 나를 불러 말하기를, **'우리집에 도둑이 들어왔기에, 그래서 쏘아 죽이려고 왔소.'** 하더군. 김 장군은 갔다가 다시 왔는데, 피 묻은 화살 한 개를 **빼어** 보이면서, '이미 도둑을 쏘아 죽였노라.'고 하잖겠어."

부부는 서로 이상하게 여겨 날이 새자마자 김 장군의 본집으로 즉시 가보았다. 김 장군 집에는 나이 **어린 후실**(後室)이 있었는데, 그날 밤에 **개가**(改嫁)를 하였다. 그런데 신랑이 들어와서는 갑자기 복통(腹痛)을 일으키더니 날이 새기 전에 죽었다.

—『청파극담(靑坡劇談)』.

이야기에서 불안한 시선은 누구의 시선인가? 귀신인 김덕생? 그의 친구? 친구의 아내? 김덕생의 후실? 새신랑? 아니다. 그렇다면 누구인가? 이야기에 등장하는 인물 모두가 아니라면?

배경에 놓인 사건과 이야기의 관계를 재구성해 보자. 사건과 이야기 중 어느 것이 먼저 생겼는가? 발생 선후를 따져 보면, 이야기가 먼저 생긴 것이 아니므로 사건이 먼저 생겼다고 할 수 있다. 사건이 있어야 이야기가 만들어지는 것이니까. 이야기는 사건 후에 발생되는 것으로, 라캉의 방식으로 말하면, 의미는 사후(事後)에 구성된다. 사건이 발생한 후, 이 사건을 이야기로 전하는 서술자의 시선에 따라 의미가 구성된다.

이 텍스트를 옮겨 적은 이가 '이륙'이므로 그가 불안의 주체일까? 그렇다고 할 수 있다. 그러나 깊이 따져 보면 서술자만이 불안의 시선을 가진 유일한 존재가 아니다. 이륙은 사건 전달자로서 사건의 해석과 귀신에 대한 불안 정서에 동의하는 자이긴 하지만 이러한 해석이 가능한 이유는 당시 불특정 다수의 담론이 있었기 때문이다. 여기서 불특정 다수란, 사건 주변의 이웃 사람들이다. 이들은 사건의 관찰자였다.

여성의 재혼을 곱게 보지 않던 문화에서 멀쩡하던 신랑이 죽었으니 누구를 탓해야 할까? 그 신부일까? 신부가 재혼을 한다니 못마땅하게 여길 수는 있었겠지만 그 여성이 새신랑을 죽였다고 주장한다면 '까마귀 날자 배 떨어진다.'는 격이므로 대놓고 탓할 수는 없었을 것이다. 그러나 죽음이라는 큰 사건이 벌어진 이상, 누군가는 그 일의 책임을 지고 대가를 치러야 했다.

범인이 확정되지 않자 주변 사람들은 불안해졌다. 사건을 해결하기 위해서는 누구를 탓하고 희생양으로 삼아야 진정되는 법인데 이 상황에서는 이 사람을 탓할 수도, 저 사람을 탓할 수도 없다. 사건의 주체를 파악하기가 어려워지자 불안이 발생한다.

이어 불특정 다수는 그들 나름의 담론을 구성하면서 합리화의 길을 간다. 그들은 사건의 특수한 면에 눈길을 보냈다. 여성의 결혼이 두 번째 결혼임을 상기했고 이 결혼에 대한 첫 남편의 분노를 마땅한 것으로 삽입시켰다. 남편이 가졌을 법한 분노를 범인으로 지목한 것이다. 저승의 남편이 새신랑을 죽게 만들었다는 결론에 이른다. 이제 그다지 상쾌하지는 않아도 사건이 종결되었다.

어떤 사건이 일어났고 이 사건을 공유한 이웃의 불안한 시선이 귀신을 상정했고 서사를 만들어 내었다. 그리고 사람들은 이 해석에 별다른 이의를 제기하지 않고 공감했다.

그들의 해석이 어떠한가? 타당한 해결책으로 생각되는가? 귀신은 이렇게 만들어지기도 했다.

3. 이해와 소통

달조차 보이지 않는 늦은 시간의 밤길. 오늘 따라 가로등도 몇 개가 꺼진 채 희미한 빛으로 졸고 있다. 집에 가는 길, 모퉁이를 돌자 누군가 서 있다. 당신은 어떻게 하겠는가? 되돌아갈까? 모른 척 무시하고 지나갈까? 그런데 날 잡아채면 어쩌지?

사람도 무섭지만 귀신인들 무섭지 않겠는가? 그러나 피하지 않는 이들이 있었으니 이들로 하여금 이러한 유형의 이야기가 생겼으리라. 이야기에 따라, 사람이 귀신을 두려워하기도 하고 또는 두려워하지 않기도 하지만 공통적으로 사람은 귀신을 피하지 않고 마침내 이해와 소통의 관계를 이룬다. 나아가 적극적으로 소통을 하는 경우에는 인간이 귀신의 문제나 트라우마를 해결해 주기도 한다.

여러 유형의 귀신 이야기 중에서 귀신과 사람이 소통하는 이야기가 가장 길고 예술성이 있다. 소통이 이루어지는 곳에 사연도 많고 말도 많은 법 아닌가. 깊은 소통, 사랑 이야기도 있으니 어찌 짧게 끝나리. 그들의 사연과 마음이 애처롭다.

이 해

다른 사람을 불쌍히 여겨 본 적이 있는가. 노력을 정말 많이 했는데 결과가 너무 안 좋은 사람, 오해와 모욕을 받는 사람, 잘못이 없는데도 해코지 당한 사람. 본인의 선택과 무관하게 주위 환경 때문에 어려움을 당하는 사람. 만약 그런 사람이 옆에 있다면 상대적으로 내가 괜찮은 처지로 생각되면서 마음이 편치 않게 된다. 상황이 심각해지면 도움을 주고 싶어 안절부절못하게 된다. 이것이 유가(儒家)에서 인간이 가진 성질, 인성(人性)을 설명하면서 지적한 측은지심(惻隱之心)이다.

귀신서사에는 귀신마저 이해한 사람들이 있었다. 귀신을 이해한다? 어떻게? 두려움과 환상을 넘어 그들의 마음을 읽는 것이다. 마음이 가리키는 바를 독해하는 것이다. 진심으로 원하는 것이 무엇인지를 헤아리는 것이다. 듣기, 상대가 하는 말 듣기는 이해와 소통을 위한 기본 전제이다.

이러한 서사를 살펴보자. 1500년대 후반 임제(林悌, 1549~1587)의 작품인 「원생몽유록(元生夢遊錄)」에서 원자허라는 사람이 8월 추석날 달빛 아래 잠들었다가 꿈 속에서 귀신 무리를 만난다. 귀신 무리는 정치사에서 잊혀지지 않을 사건, 세조의 왕위 찬탈과 관련된 인물들이다. 단종의 죽음을 기억하는 사람들은 단종을 땅에 묻지 않았다. 언어의 힘을 빌려 귀신이 된 단종을 불러내고 그 억울함을 조금이라도 풀어 주고 싶어한다. 이렇게나마 억울한 슬픔을 풀어 주고 싶었을까?

이야기의 주요 대목은 인간이 귀신을 만나고 그들이 풀어 내는 원통함을 듣는 것으로 이루어져 있다. 전체 텍스트에서 주요 서사 대목을 옮겨 본다.

세상에 원자허란 사람이 있었는데 강개한 선비였다. 그는 기개와 국량이 활달하고 고상하였지만 시대에 용납되지 못하였으므로 당나라 말의 학자 나은(羅隱)과 같은 슬픔을 간직하고 공자의 제자인 원헌(原憲)과 같이 가난을 견디기 어려웠다. 그래서 아침이 되면 들에 나가서 밭을 갈고 날이 저물면 집으로 돌아와 옛사람들의 글을 읽었다. 벽 창문 곁에서 또는 개똥벌레의 불빛으로 열심히 공부했는데 일찍이 옛 역사서를 보다가 역대의 국가가 위태롭고 망해갈 때라든가 또는 운수가 비색하여 기울어가는 대목에 이르면 문득 읽던 책을 덮어 놓고 눈물을 줄줄 흘리면서 자기 힘으로 붙들 수 없는 것을 안타깝게 여겼다.

이야기 속 인간인 원자허가 어떠한 사람인지 소개되고 있다. '강개한 선비'라는 구절에서 이미 독자는 주인공이 어떤 류의 사람들과 자신을 동일시하고 있는지 눈치채게 된다. 그는 성리학적 질서를 이상적으로 생각하고 그 질서를 사회에 실현되어야 한다고 생각하지만 그렇지 않은 사회에 대해 울분을 가지고 있다.

음력 8월 한가윗날 저녁에 달빛을 따라 책을 펴놓고 보고 읽는 동안에 밤은 늦어졌고 정신은 피로하여 의자에 기대어 앉은 채로 잠이 들었다. 몸이 홀연히 가볍게 멀리 날아 올라서 유유히 떠가는데 마치 날개 돋친 신선이나 된 것처럼 가벼웠다. 어떤 강 언덕에 다다르니 긴 물은 굽이굽이 흐르고 산은 겹겹이 병풍처럼 둘러 있는데, 때는 한밤중 가까이였다.
모든 피리 소리는 고요하고 달 밝은 대낮 같으며 파도치는 물결은 비단처럼 아름답고 기러기는 갈대 잎에서 우는데 이슬은 단풍 숲에 방울 맺혀 있다. 초연히 눈을 들어 바라보니 천추에 풀지 못한 기운이 있는 것 같았다. 이어 긴 휘파람을 불고는 노래 한마디를 읊조렸다.

"한이 장강에 맺혀 강물도 목메이는 듯 흐르지 못하고
갈대꽃 단풍잎에 찬바람만 쓸쓸히 부는구나.
이는 소상강 건너편 장사 언덕이 분명한데
달은 밝은데 영령들은 어디에서 노니는고."

이 부분은 주인공이 귀신을 만나기 전으로 이제 막 꿈 상태로 들어가는 부분이다. 시간은 밤, 밤이지만 달이 밝아 사방은 환하다. 달빛에 강물이 빛나 마치 비단과 같다. 하늘엔 기러기가 울고 이슬이 맺혀 있다. 아름다우면서도 고요한 풍경으로 인해 처연한 정서가 조성된다. 시에 드러나듯, 주인공은 지난 시절의 사람들을 그리워한다.

이리저리 배회하며 돌아보고 있을 즈음에 문득 사람의 발자국 소리가 멀리서부터 점점 가까워지는 듯하더니 조금 있으니 갈대꽃 우거진 속에서 어떤 한 호남자가 불쑥 튀어나왔다. 두건을 쓰고 야복 차림이었는데 얼굴은 맑고 눈썹이 아름답게 빼어나 늠름하기가 수양산의 백이 숙제의 풍모가 있었다. 그가 앞으로 다가와서 읍하고 말하기를
"자허는 왜 이리 늦게 오셨습니까? 우리 임금께서 당신을 모시고 오라고 했습니다."
라고 하는 것이었다. 그래서 그는 이것이 산의 정령인가 물귀신

인가 의심스러워 놀라 답하지 않았다. 그러나 **그 용모가 준수한 데다가 행동거지가 품위가 있어 남모르게 기이함을 탄복하지 않을 수 없었다.** 이에 그 사람을 따라 백여 보쯤 가다가 바라보니 강가에 정자 하나가 우뚝 솟아 있었다. 그리고 난간에 한 사람이 기대어 앉아 있는데 의관이 왕자의 차림이었다. 또 옆에 다섯 사람이 모시고 있는데 모두 세상에서 보기 드문 호걸들이었다.

– 중략 –

드디어 귀신을 만난다. 귀신은 마치 기다렸다는 듯이 자허를 마중나왔다. 자허는 처음에는 당황했으나 호감을 느끼고 아무 것도 묻지 않고 따라간다. 심지어 귀신인 사람인지도 묻지 않는다. 그저 마음의 느낌에 따를 뿐이다.

  술이 두어 잔 돌아가니 임금이 바로 술잔을 들고 흐느끼며 여섯 사람을 돌아보고 말하기를
  "경들은 어찌 각각 자기의 뜻을 말하여 원통함을 이야기하지 않겠는가?"
하니 여섯 사람이 말하기를
  "성상께서 먼저 노래를 부르시면 신들은 춤을 추겠습니다."
라고 하였다. 임금이 초연히 옷깃을 여미고 슬픔을 스스로 이기지 못하여 노래 부르기를

  "강물은 울면서 흐르고 그칠 줄을 모르는데
  나의 품은 한도 길고 길어 강물과 같다네.
  살아서는 천승(千乘)의 나라 귀한 몸이,

죽어서는 외로운 혼이 되었네.
처음부터 거짓으로 임금 되었으니,
겉으로만 허울 좋은 임금이었네.
고국의 신하와 백성들은
초나라 항우에게 모두 넘겨 주었고
다만 예닐곱 신하들과 같이 있으니
이 혼은 그래도 의탁할 곳 있구나.
오늘 밤은 어떤 밤인가.
같이 강가의 누각에 오르니
파도치는 소리와 밝은 달빛이
내 마음 수심에 잠기게 하고
슬픈 노래 한 곡조 부르니
천지는 유유하구나."

노래가 끝나니 다섯 사람이 각각 한 곡조씩 불렀다. 첫 자리에 앉은 자가 읊었다.

"매우 한스러운 건 외로운 임을 보호할 수 없음이니,
나라가 망하고 임금은 욕되니 의리 지켜 죽음을 택했네.
지금 하늘 땅 사이에 낯 둘 곳이 어디인고,
당년에 일찍이 스스로 도모하지 못한 것이 후회되네."

원자허가 귀신들이 하는 말을 듣고 있는 대목이다. 술을 마시고 임금부터 시작하여 모시고 있는 사람들이 시를 짓는다.
왕의 시에 '혼이 의탁할 곳'이라는 표현이 있다. 의탁이라는 것은 남에게 의지한다는 뜻이 아니라 자기 존재의 의미를 긍정적으로 해석해 줄 상대가 있음을 뜻한다. 자신의 정당한 자리를 인정해 줄 사람들이 있어 영혼이나마 의탁할 수 있다는 외로운 말이다.

- 전략 - 읊기를 마치니 **자리에 앉아 있던 모든 사람들이 처연히 눈물을 흘렸다.** 얼마 안 되어 호걸스러운 한 선비가 들어 왔는데 신장은 보통사람보다 훨씬 크고, 용맹도 또한 뛰어났으며 얼굴은 대추같이 생겼고 눈은 샛별처럼 빛났는데 당당한 의리는 송나라 문천상(文天祥 : 충성과 의로움으로 유명했던 송나라 사람)과 같고 청렴하기는 제나라 어릉중자〔於陵仲子 : 청렴으로 유명한 제나라 사람인 진중자(陳仲子)를 가리킴〕와 같았다. 위엄과 풍채가 늠연하여 사람으로 하여금 공경을 일으킬 만하였다. 임금 앞으로 들어가 배알하고 다섯 사람을 돌아보며 일러 말하기를

"슬프다. 썩은 선비와는 더불어 큰일을 할 수 없다고 하더니 참으로 그렇구나"

라고 하고는 바로 칼을 뽑아서 칼춤을 추며 노래하는데 강개한 소리가 큰 종을 치는 것 같았다. 그 가사에 말하기를

"바람은 쓸쓸함이여,
나뭇잎은 떨어지고 물결은 차갑구나.
칼을 짚고 긴 휘파람 부니
하늘엔 별빛만이 반짝이네.
살아서는 충효를 온전히 하였고
죽어서는 굳센 혼 되었네.
내 마음 어떠한가?

> 강 위에 비치는 저 달빛이여!
> 아! 처음 생각이 맞지 않다 하누나.
> 저 썩은 선비를 누가 책망할까?"

라고 하였다. 노래가 미처 끝나기도 전에 달빛이 컴컴해지고 구름이 끼더니 비가 내리며 바람이 몰아쳤다. 우뢰 소리가 요란하더니 모두 흔적 없이 사라졌다. 자허도 놀라 깨어보니 한낱 꿈이었다.

— 『원생몽유록(元生夢遊錄)』.

시는 노래가 된다. 평소의 소신과 감정을 담아 노래를 부른다. 여섯 귀신의 시에 이어 오롯한 인간인 원자허가 시를 읊었다. 그러던 중 한 무사가 들어와 선비들의 무력함을 탓하고 칼춤을 추면서 큰 소리로 시를 읊었다. 시가 끝나면서 이야기도 종결된다.

주인공은 평소 자신의 정치적 소신과 관련하여, 역사에서 죽지 않았어야 할 사람을 만나 그들의 의미를 회복시킨다. 단종과 사육신을 상기시키는 여섯 신하를 만나는데 그들은 소신을 지키다 죽었다는 공통점이 있다.

우리의 주인공, 원자허는 그들이 귀신임에도 무서워하기는커녕 그들과 함께 이야기하기를 꺼리지 않는다. 이 이야기에서 인간은 귀신과 소통하여 같은 자리에서 술을 마시고 시도 지으며 이해하는 마음을 공유하지만 귀신의 깊은 트라우마를 치유토록 하는 데까지는 이르지 못한다. 그러나 기본적으로 귀신의 처지를 이해하는 마음을 가지고 있는 점은 분명하다.

몽유록은 주로 1500~1600년대에 창작되었으며 자신과 사회의 정체성을 고심하는, 번민 어린 작가들이 꿈을 통해 현실 속에 있어야 할 가치를 비현실적 세계에서 탐색한 16세기의 대표적인 서사 형식이다.

소통과 트라우마의 치유 돕기

동료, 직장 상사와 아랫사람, 가족, 친구, 배우자. 살면서 만나게 되는 사람들이다. 그런데 이들과 갈등이 생긴 적이 있는가? 갈등이 없는 삶이 불가능하기에 갈등을 해소할 진정한 소통이 필요하다. 예의상의 어설픈 화해가 아니라. 진정으로 소통해야 갈등이 해소된다.

소통하고 싶다면 일단 역지사지(易地思之)를 통해 상대방의 처지를 이해해야 하고 상대의 본심이 무엇인지 알아야 한다. 귀신 이야기도 마찬가지다. 소통이 이루어지는 귀신서사에서 소통의 기본 조건은 인간이 귀신을 이해하는 것이다. 귀신의 시선을 역지사지의 자세로 이해한 사람은 귀신의 트라우마를 인식하고, 나아가 치유해 주기도 한다.

이번에는 입말의 느낌이 담겨 있는 구비설화를 살펴보자. 쓰여진 서사와 다른 느낌을 준다. 앞에서 본 몽유록에서도 단종이 등장했는데 현대에 채록된 구전 이야기에도 단종이 등장한다. 단종을 기억하는 사람들은 많은 작품을 만들었다.

> 영월에 단종 대왕님이 돌아가신 뒤에 고사를 보면 자꾸 원이 죽거든요. 자꾸 죽는단 말이야. 자꾸 죽으니 내중에는 유영 무영하단 말이야. 오니까 그 어사를 오니까 자꾸 죽고, 죽고 이러니, 아침에는 장사 지낼 걱정만 해야 된단 말이야, 저녁에 자꾸 죽으

니까.

　그래서, 영월 고을에 원으로 올라고 하는 사람이 없거든. 영월 고을이 딱 비게 된단 말이야, 이제는. 딱 비게 되니깐 그 한사람이 있다가서 내가 영월 고을 살러 가마. 그건 누군가 하니 김낙한이라고 하는 사람이 내가 영월 고을 살러 간다 자청을 하니까, 고을 살러 갈 사람이 없으니 자청하는 사람이 있으니까 선뜻 보내 주게 되거든. 그기 일이 유사한 일이지 영월고을 사로(살러) 간다고 죽을 리가, 왜 죽을 리가 무단이 죽을 리가 없잖나 말이야, 밤중에. 그래, 고을 살러 와가지고는 인제 이 고을에 딱 와가지고는 이 고을에 황초를 하여간 몇 백 자루 들이라 말이야. 옛날 밀초, 황초라는거 밀로 맨근 거 팔뚝 꿀찌(굵기)만 해요. 그거를 몇 백 자루 해 들이라 이러이께, 아, 마을에서 옛날 밀초야 구하기 쉽잖아. 그걸 굵게 해가지고서 마이 갖다가서 놓고는 어떻게 됐는지 원님 있는 자리서부터 저 곳가리까지 가지 사뭇 황초를 저녁에 말이여 사뭇 내달고 있거든. 불이 환하그르(환하게) 개미도 구경할 정도로 지금 뭐, 말하자면 총총이 세워 노니까 전깃불처럼 밝단 말이여.

　그래고 있다니까 한밤중 되이까 그래고 가만 앉았지. 가만 앉아서 보니까 아, 찬 바람이 수루루 들어 오더이 마는 아주 장신이 들어 오거든. 들어와도 뭐, 우찌 인제 거동만 보고 있단 말이야. 있다니까, 들어 오더이만 그리 뭐, 그전에는 오면 말여 미처 접촉할 새 없이 자결을 자꾸 했는데 이건 늠름하거든. 그런 장신이 들어 오더라도 늠름하단 말이야.

　그래, 그 때 온 양반이 누군고 한지면 신은 신이지만 단종 대왕님이란 말여. 그래, 들어 와가지고 하는 말씀이 내가 어, 이 고을 그래도 원이라만 개인보다 다르다 말이여. 내가 어데 가서 말할 때 없어서 불가불 **내가 원통히 죽었다는 신원**(伸寃, 원 풀기)**을 좀 해 달라고** 이 고을 그래도 책임자 원한테 밖에 찾아올 데가 없어서 내가 원을 찾아왔다. 그래니까 이 못난 사람들은 말여, 이 못난 사람들이 자꾸 **내가 접촉하기 전에 자꾸 자결해 죽으니까 내가 이야기도 여태**(아직껏) **한 마디 못하고** 아, 그 신이 말이여 내 인제는 뭐시기 **신원을 잘해 줄 임자를 찾았다**고 말이여, 아주 반가와 하면서 그래거든. 그래, 신원을 그럼 해 드리면 내 단종대왕 죽은 혼령이라고 바로 얘기하거든. 근데, 내 신은 원통히 죽은 신 원해 달라고. 그래니까 이 못난 사람들이 자꾸 자결해 죽었지, 내가 무슨 때래(때려) 죽인 것도 아니다 말여. 그래서,

"그 신원을 하면 우떻게 합니까."

이래니,

"그런 거이 신원이 별다른 거 아이고, 참 무당을 들이가지고 굿을 하고 말이여 내에 대해서 원통히 죽었다는 그 한을 좀 풀어 다오."

말이야. 그래가지고 그 굿을 큰 굿을 하고 뭐 이래니까 그 원으로서 힘이 안들거 아니여. 그거 그래 무당을 많이 들이가지고 굿을 하고 뭐 이래가지고는 그 이튿 날 아침에 늘 그 우선 장사 지낼라고 말이여, 준비만 하든게 들어가 보니 말짱하단 말이여, 원이. 멀쩡히 그 다음에는 그런 뒤로는 뭐, 아무 일이 없거든. 그래 **신원한 뒤로는 뒤에 아무 사건이 없고** 그 다음부터는 그만 그 고을이 깨끗하고 말이여, **신원한 뒤로는 원이 와도 그 다음으론 도임해 와도 죽지 않고** 그랬단 말이 있어요. 예, 그런 전설이 있어요.

— 「무당굿으로 달랜 단종의 원한」, 『한국구비문학대계』 2집 8책.

고을의 원을 자청한 김낙한은 그 고을의 사건인 '원님의 잇단 죽음'이라는 사건의 자장(磁場)에서 벗어나 있는 사람이다. 그 사건에 연루되어 있지 않다는 면에서 자유롭고 그래서 더욱 귀신을 두려워하지 않을 수 있었다. 김낙한은 귀신을 두려워할 이유를 찾지 못했으며 그리고 이 사건에 의한 트라우마가 없다. 그래서 마을에 닥친 불운한 일들과 단종 영혼의 요구에 대해 응당한 행동을 할 수 있었다. 감정에 휩쓸리지 않고 사태를 이해할 수 있었으며 귀신의 요구가 무엇인지를 분명히 전달받을 수 있었다. 마침내 그는 다른 원님과 달리 이 사건을 해결하는 데 성공한다.

한편, 전에 부임했던 원들은 귀신을 보자마자 자초지종을 알기도 전에 두려움을 이기지 못한 나머지 자살을 한다. 귀신이 파괴적 행동을 해서가 아니라 스스로 두려움의 노예가 되어 자신을 자기가 망친다. 지나친 두려움은 자살로 향하고 있다.

장기간 골치 아팠던 문제의 해결법이라도 핵심 원인을 알게 되면 단순히 해결할 수 있다. 여기서 단종 귀신이 원하는 것은 신원, 즉 원한 풀기이고 이는 트라우마 치유법이다. 구체적인 수행방법은 무당의 굿, 의례적 행위이다.

이 이야기에서 궁극적으로 해결해야 할 문제는 단종의 트라우마 치유였다. 특정 상황에서 반복적으로 출현하는 귀신의 모습은 트라우마의 고통이 반복되는 것과 같다. 귀신의 요구는 귀신을 두려워하지 않고 담대히 맞서보려는 소통의지를 가진 사람이 들을 수 있었다. 이는 일방적으로 축귀하거나 싸우려는 태도와 다르다. 심리적으로 건강한 사람, 즉 스스로를 존중하고 자신감에 찬 사람이 문제 상황을 직시하고 귀신의 진의를 파악하여 핵심원인을 알아냄으로써 해결할 수 있었다. 소통이 어떠한 것인지 진정한 면모를 보여 주는 이야기이다. 그리고 입말로 감상하는 재미도 있었다.

한 작품 더 보자. 이번엔 고소설을 골라 보았다. 1400년대 작품인 김시습의 『금오신화(金鰲新話)』에 실려 있는 「이생규장전(李生窺墻傳)」은 인간이 귀신의 트라우마 치유를 돕는 것은 물론이고 이를 넘어 깊은 사랑을 공유하는 것으로 종결하여 훈훈한 여운을 남긴다. 『금오신화』는 작품에 제목을 구체적으로 붙였다는 점에서 문학사적 의의도 있다. 「이생규장전」은 '이생이 담장 안을 엿본 이야기'라는 뜻으로 그 전의 「○○전(傳)」류의 제목 형식과는 사뭇 다르다.

작품이 길기 때문에 다 인용할 수는 없고 사람과 귀신이 만나는 대목을 음미해 보자. 원문은 단락을 나누지는 않았으나 여기서는 이해하기 편하도록 단락을 나누었다.

밤은 점점 깊어 거의 이경쯤 될 무렵이었다. 동산에 솟은 달이 희미하게 집 마루를 비추는데 문득 정적을 깨뜨리고 복도 저편에서 발자국 소리가 점점 가까이 들려왔다. 조마조마하던 차에 앞에 다가서는 이는 틀림없는 최랑이었다. 이생은 최랑이 이미 죽은 줄 알고 있었지만 너무도 그리워하던 차라 다시 의문을 품을 여유가 없었다.

어렵사리 결혼했던 부부 이생과 최랑은 1361년 홍두적이 우리나라를 쳐들어왔을 때 피난하다가 이생은 도망가고 최랑은 사로잡혀 죽음을 당했다. 시간이 흐르고 적이 물러간 뒤 이생이 최랑의 친정을 찾아간다. 지난 날 최랑과 놀던 후원 별당으로 찾아가 이 생각 저 생각하던 차에 최랑의 혼령이 나타났다. 이생은 최랑이 귀신인지 알면서도 반가워한다. 이생의 시선에서 최랑은 귀신이 아니라 사람으로 읽힌다.

"아, 어디로 피난하여 목숨을 보전하였소?"

이생이 이렇게 소리쳐 묻기도 전에 최랑은 와락 달려들어 이생의 손을 잡고 한바탕 통곡을 하더니 이어서 자기 설움을 낱낱이 하소연하였다.

"저는 본디 양가집 딸로 태어나서 어릴 적부터 가정의 교훈을 받들어 바느질과 수놓기를 재간껏 배웠으며 『시전』과 『서전』을 다 읽고 어질고 곧은 절개를 배웠습니다.

허나 다만 아낙네의 예절만 닦았을 뿐이라. 어이 이 세상 밖의 일을 알기나 했으리까? 그러나 어쩌다가 살구꽃 무르익은 담장 밖을 내다보게 되어 옥같은 이내 청춘을 님에게 맡겼습니다. 꽃그늘에서 한번 웃고 일생 연분을 맺었으며 별당 안에서 다시금 백년 정분을 나눴습니다. 앞으로 이렇게 백년해로하려고 했더니 청춘에 허리 잘려 시궁창 구렁텅이에 떨어지게 될 줄을 어찌 알았겠습니까? 스스로 살점 찍어 땅바닥에 발랐으나 끝끝내 원수에게 귀중한 이 한 몸을 더럽히지 않았사오니 이야 이내 몸이 지켜야 할 본분이나 인정상 차마 어이 다 말하리까. 서러워라. 깊고 깊은 산골에서 님과 한번 이별하자 마침내 짝을 잃은 외기러기가 되었습니다. 집도 절도 다 타 버리고 부모님 곁을 떠났으니 서러운 이내 넋이 의지할 곳 없지만, 산 같은 절개 위해 이 한 목숨 바쳤으니 죽은 여인 이 한몸이 행여 욕을 면했습니다. 마디마디 녹는 마음 누가 위로해주겠습니까.

굽이굽이 썩은 간장 속절없이 애달픕니다. 해골은 들에 있고 창자는 땅에 널려 지난날의 즐거움을 생각할수록 오늘의 이 원한만이 더욱 깊어가는 듯합니다.

그러나 오늘에는 추연[2]이 피리 불어 죽은 풀이 살아나고 천랑[3]의 떠난 혼이 이 세상에 다시 오듯 봉래산 백년언약 굳게굳게 얽혀 있고 취굴[4]의 삼생 연분 다시금 향기로워 이 때에 여기에서 다시 만나 뵈오니 **지난날 맺은 맹세 저버리지 마옵소서. 행여 잊지 않았거든 길이 함께 살고지고. 님이여, 허락하지 않으시겠습니까?**"

최랑이 말하는 요지는 '내가 비록 귀신이지만 다시 한 번 같이 살아보겠습니까?' 하는 제의이다. 최랑은 자신이 살아온 인생 경로와 사연을 이생에게 쏟아낸다. 태어난 때부터 어떤 교육을 받았는지, 그러다 우연히 만난 이생에게 마음을 주고 부부가 되었던 것, 그런데 얼마 되지 않아 생각지도 못한 죽음을 맞게 된 슬픔을 말한다. 그런데 한번 더 살 기회가 있으니 같이 살기를 제안한다.

뜻대로 되지 않는 삶의 폭력과 주체의 고통. 죽음을 맞은 그녀는 자신과 달리, 살아있는 남편 앞에서 이해를 간구하며 떨고 있다. 이 한 장면에 죽음과 삶이 극명하게 대립되면서도 죽음을 삶으로 바꾸려는 가냘픈 시도가 오버랩되고 있다.

차마 그대로 죽을 수 없는 존재의 환생(還生). 이야기에서 궁극

---

[2] 북방 추운지역에서 중국 전국시대 사람인 추연이 피리를 불자 날씨가 따뜻해져 나지 않던 곡식이 되살아났다고 한다.
[3] 당나라 소설 「이혼기(離魂記)」에 나오는 여주인공 이름. 천랑이 왕주를 따라가려고 하자 아버지가 반대하니 천랑의 혼이 왕주에게 가서 살다가 오년 뒤에야 본가로 돌아왔다.
[4] 신선이 산다는 곳으로 반혼향(返魂香)이 나는데 그 향내가 풍기는 곳에는 죽은 사람이 다시 살아난다는 것이다.

적으로 귀신이 원하는 것은 재생이나 부활이 아니라 상대의 인정 (認定), 상대가 알아주는 것이다. 자기 존재의 의미를 상대방이 확인해 주기를 원하는 것이다. 귀신이 아니라 '사랑하는 아내'로 남편이 자신을 인정해 주길 바랐다.

여기서 인간의 중요한 특징이 드러나는데 '혼자서는 자신의 존재를 확인할 수 없다'는 사실이다. 상대를 통해서만 자신의 존재감을 확인할 수 있다는 점을 확인하게 된다. 슬퍼 엉엉 울더라도 혼자 울어서는 안 되고, 상대 앞에서 울어야 하는 것이다. 앞에서 본 「강도몽유록」의 여귀들이 어떠했던가? 그들은 상대 앞에서 울지 못했다. 복수(複數)의 자기(自己)를 두고 울었기 때문에 그들의 트라우마는 소통되지 못했다.

귀신이 사람처럼 산다는 일은 있을 수 없는 일이다. 죽은 자가 귀신이 되어 저승으로 가는 것이 보편적 질서를 따르는 일인데 최랑은 특수한 존재가 되려고 한다. 이 특수한 시도는 성공할까?

이생은 감격에 잠겨 한참 동안 어쩔 줄 모르다가 평생 소원이 다시 이루어진 것을 기뻐해 마지 않았다. **서로 간곡한 정회를 끝없이 이야기하다가** 집 재산이 적에게 약탈당하여 아무것도 남은 것이 없더라고 말하자 최랑은 문득 말하였다.

"조금도 잃은 것이 없습니다. 다만 아무 산 아무 골짜기에 묻혀 있을 뿐입니다."

"그러면 양쪽 집안 부모님의 유골은 어디쯤에 있소."

"아무 곳에 그대로 널려 있습니다."

이런 이야기를 비롯하여 온갖 정담을 다 나누고 그날밤은 그곳에서 같이 쉬었다. 모든 일이 옛날이나 다름없이 즐거웠다. 이튿

날 최랑과 이생이 자기 집 재산이 묻혀 있는 곳을 찾아갔더니 과연 금과 은 몇 덩어리와 약간의 재물을 찾아내었고 또 양쪽 집안 부모의 시신을 찾아내었다. 그들은 금과 재물을 팔아 오관산 기슭에 부모의 시신을 매장하여 봉분을 짓고 묘비를 세우고 제물을 차려 재를 지내는 등 자식 된 예를 다하였다.

그 뒤 이생은 벼슬에 나가지 않고 최랑과 더불어 가정의 즐거움을 누렸으며 각지로 피난하여 흩어졌던 하인들도 돌아와서 살림을 도왔다. 이생은 갈수록 세상일에는 관심이 적어졌다. 심지어는 친척과 벗에게 축하하고 조문해야 할 일이 있어도 별로 참여하는 일이 없었다. 이생은 집안에 들어앉아 언제나 최랑과 더불어 글이나 지으며 화답하는 것으로 낙을 삼았다. **그들의 정분이 이렇게 두터운 가운데 어느덧 몇 해가 흘렀다.**

둘의 세계에 포옥~ 빠져 사는 삶. 행복한 커플이 꿈꾸는 파라다이스. 결핍을 잊은 완벽한 세계. 이생은 벼슬에 나가지 않고 최랑과의 생활에만 몰두한다. 결핍이 사라졌기에 모든 것은 회복될 뿐이다. 재산도 하인들도.

이생은 바깥 세상일에 관심이 없어지고 친척과의 인사도 드물어진다. 모든 의미는 사랑하는 상대만을 향하고 상대에게만 집중된다. 둘은 서로 글을 주고 받는 일로 즐거움을 누렸다. 그렇게 몇 해를 보냈다고 한다.

어느 날 저녁 최랑은 문득 이생에게 이런 말을 하는 것이었다.
"우리가 세 번이나 좋은 시절을 얻게 되었으니 세상일이란 원래 곡절이 많은 법이라. **즐거운 이 생활이 싫은 건 아니지만 어**

느닷 이별해야 될 때가 닥쳐왔나 봅니다."

최랑은 말을 마치기도 전에 그만 목이 메어 울기 시작하였다. 이생은 깜짝 놀라지 않을 수 없었다.

"이 무슨 뜻밖의 말씀이오."

"운명은 피할 길이 없나 봅니다. 지난날 저와 낭군 사이에 연분이 끊어지지 않았고 또 아무 죄가 없었으므로 잠시 저의 화신으로 하여금 낭군과 함께 안타까운 정분을 풀도록 한 것입니다. 허나 저는 너무 이 세상에 오래 머물러 있었습니다. 더 이상 이 세상 사람을 속일 수는 없는 일입니다."

최랑은 이렇게 말하면서 시녀를 시켜 술을 차려 오게 하고 옥루춘(玉樓春) 한 곡조를 불러 이생을 위로하였다.

칼이 번쩍 창이 번쩍 이 나라 싸움터에
구슬처럼 깨어졌네 꽃잎처럼 떨어졌네.
짝을 잃은 원앙새여.
흩어진 이 해골을 뉘라서 묻어주랴.
피 묻어 놀란 넋이 말하자니 바이 없어.

무산의 선녀 되어 고당에 내 왔더니❺
만나자 또 이별에 마음 서러워하노라.
이제 한번 갈라지면 가는 길 더욱 멀어
저승과 이승 간엔 소식조차 없으리.

---

❺ 중국 초나라 회왕이 고당(高唐)지역을 유람하던 중 무산(巫山)에서 낮잠을 자다 선녀를 만나 운우의 정을 나눴다는 일화가 전한다. 이 글에서 최랑은 자신을 무산의 선녀에 견주고 있다.

노래는 마디마디 울음이 절반 섞여 가락을 이루지 못하였다.

최랑이 떠날 때가 되었다. 원하지 않지만 운명은 피할 수 없노라고 말한다. 오래 머물 수는 없다는 뜻이다. 귀신의 '환생'이라는, 특수한 존재로서의 삶은 잠시만 허용되는 것이지 항구적일 수는 없다. 최랑은 보편적 질서 - 즉, 죽은 자는 이승을 떠나야 한다 - 를 따라야 한다. 누구도 피할 수 없는 길이다.

마지막으로 이생과 이별주를 나누고 이별의 노래를 부른다. 안타까움에 노래 속에 울음이 섞인다.

이생도 슬프고 애달파 견딜 수가 없었다.
"차라리 임자와 함께 저승으로 갈지라도 내 어이 외롭게 혼자 남아 있겠는가. 지난 날 전란을 겪은 뒤에 친척과 노복들이 제각기 흩어지고 부모님 유골이 벌판에 흩어져 있을 때 그대가 아니었던들 뉘 있어 그 유골을 거두어 묻었으랴. 옛사람이 이르기를 '살았을 적엔 예 갖추어 섬기고 죽었을 때도 예 갖추어 장례한다.'고 하였더니 그 예절을 지킨 이는 바로 그대가 아니오. 효성이 지극하고 애정이 유달랐기 때문이오. 내 못내 감격하는 바나 내 자신은 도리어 부끄러울 뿐이오. 그대도 이 세상에 남아 백년을 누린 뒤에 함께 땅에 묻힙시다."
"낭군의 수명은 아직도 남은 세월이 있으나 저는 이미 귀신대장에 있는 몸이니 오래 지체할 수 없습니다. **만일 이 세상을 그리워하여 떠나지 않아 정해진 운명을 어기는 날에는 제 한몸이 죄를 받을 뿐 아니라 그 누가 낭군에게 미칠 것입니다. 제 해골은 아무 곳에 흩어져 있으니 행여 염려되면 그것이나 거두어 비**

바람이나 가리게 해 주십시오."

이별을 앞둔 두 사람이 주고받는 대화이다. 헤어져야 한다는 최랑의 말에 고통스러운 이생은 해로하다가 같이 죽을 것을 간청한다. 그러나 더 이상 최랑은 자신과 이생의 운명은 같지 않다며 만류하고 장례나 치러달라고 부탁한다.

최랑은 말을 채 맺지 못한 채 그냥 이생을 바라보면서 울기만 하다가 말했다.
"낭군께서는 편안히 계십시오."
마지막 인사를 하더니 최랑의 몸이 점점 사라져 마침내 자취조차 찾을 수 없게 되었다. 이생은 최랑의 해골을 거두어 부모님 무덤 곁에 묻어 주었다. 최랑의 장례를 치른 뒤 이생 역시 최랑에 대한 추억이 병이 되어 두어 달 만에 죽고 말았다.
이 소문을 들은 사람들은 그들의 일에 감탄하였고 그들의 절의를 사모하였다.

위의 단락은 이 커플의 마지막이자 이생규장전 전체의 종결부이다. 최랑이 세상을 뜨자 이생도 더 생존할 의미를 찾지 못하고 세상을 뜬다. 사람들은 그들의 이야기를 전해 들었고 듣고 나서는 그들의 절의를 사모했다.
최랑은 귀신이었지만 이생은 산 사람이자 아내로 대하며 의심하지 않았다. 귀신의 트라우마는 이생의 시선에 의해 많은 부분이 치유되었다. '생과 사의 분리'라는 보편적인 세계의 질서를 거스를 수 없는 일이라 완전히 회복될 수는 없었지만 이생은 최랑의 요구를 최대한 들어주었다. 최랑이 귀신임에도, 같이 살자는 요구를 들어줌으로써 이생은 최랑의 존재감을 확인시켜 주었고 그녀를 아내로 인정하였다. 이는 곧 최랑이 원하던 바였다. 귀신이 된 최랑은 이것을 확인하러 남편 곁으로 돌아왔던 것이다. 사랑하는 남편의 시선을 통해서만 자신의 존재감과 위치를 확인할 수 있었다. 이 과정을 통해 트라우마가 치유되었기에 흔쾌히 '죽음'이라는 보편적 질서를 받아들이고 죽은 자가 가야 할 곳으로 떠날 수 있었다.

전쟁 통에 죽어서 이승을 떠나 태어나기 전으로 귀환하게 된 사건을 '최랑의 첫번째 귀환'이라고 한다면 남편과의 가정을 꾸린 후 이는 두번째 귀환으로 양편 모두 귀환의 모습을 띠지만 그 의미는 같지 않다. 첫번째 귀환 시, 도적에게 죽임을 당한 후라 트라우마가 발생한 상태였지만 두 번째 귀환은 트라우마를 어느 정도 치유하고 보편 질서를 받아들인 주체적인 모습을 보여 준다. 대인관계에서 진정한 소통의 결과는 생산적이다.

4. 거리 유지

귀신을 두려워하지 않는 사람들이 있으니 귀신의 출현과 파괴적 행동에도 놀라지 않을 뿐더러 굳이 쫓아 버리려고도 하지 않는다. 이들은 정신적으로 귀신보다 우위에 있으며 이로써 귀신의 마음을 움직이고 굴복시킨다. 따져 보면 이 방식도 소통하는 하나의 방식이라고 할 수 있다.

신라의 처용 이야기를 예로 들어 보자. 이 이야기는 기존 귀신담과 달리, 인귀관계를 새롭게 해석하였다. 이야기의 시간적 배경은 신라 헌강왕(憲康王) 시절인데, 이 사실이 유효하다면 800년대 말, 즉 9세기의 이야기가 된다. 그렇다면 이 때 즈음부터 인귀관계를 이러한 구도로 이해하는 생각들이 있었다고 할 수 있다.

이야기가 전하는 『삼국유사』에는 다른 에피소드도 같이 전하지만 여기서는 인귀관계가 드러나는 부분을 인용한다.

> 처용의 아내가 매우 아름다웠으므로 역신(疫神 : 천연두를 맡았다는 귀신)이 그녀를 흠모해 사람으로 변하여 밤에 그 집에 가서 몰래 함께 잤다. **처용(處容)이 밖에서 집에 돌아와 자리에 두 사람이 있는 것을 보고 노래를 부르며 춤을 추고 물러났다.** 노래는 이렇다.
>
> 동경[경주] 밝은 달에,
> 밤들도록 노니다가
> 집에 들어와 자리를 보니
> 다리가 넷이구나.
> 둘은 내 것이고
> 둘은 뉘 것인고.
> **본디 내 것이다만**
> **뺏겼으니 어찌하겠는가.**
>
> 이 때 역신이 본모습을 나타내 처용 앞에 꿇어앉아 말했다.
>
> "제가 공의 아내를 사모하여 지금 그녀를 범하였는데 공이 노하지 아니하니 감동하고 아름답게 여기는 바입니다. **맹세코 이**

> 제부터는 공의 형용을 그린 것만 보아도 그 문에 들어가지 않겠습니다."
>
> 이로 인하여 나라 사람이 처용의 형상을 문에 붙여서 사귀(邪鬼)는 물리치고 좋은 일은 맞아 들이게 되었다.
>
> ―「처용랑(處容郞)과 망해사(望海寺)」, 『삼국유사』.

처용은 역신의 위협을 정면으로 대응하지 않고 거리를 둠으로써 어지러운 현장으로부터 벗어날 수가 있었다. 범상하지 않고 초탈한 처용의 반응은 귀신으로 하여금 제 행동을 스스로 돌아보게 만들었고 이어 귀신은 감동하여 굴복한다. 물론 처용은 보통 사람이 아닌 동해용의 아들이었다. 그러나 무엇보다도 귀신과 인간의 관계에 대한 시각이 변화되었음을 알 수 있다. 자연적 존재인 귀신과 인간과의 관계를 이전 시대와 달리 다른 시각으로 보고 있다. 인간은 귀신의 뜻, 의지에 종속될 수밖에 없었으며 더욱이 우위에 있을 수는 없었다. 처용 이야기 즈음에 이르러 귀신과의 '거리두기'가 가능하고 또 귀신보다 '우위'에 있을 수 있다는 생각은 인간성을 더욱 긍정적으로 보았기에 가능한 인식이다. 물리적인 축귀가 아니라 정신적 압도로 귀신을 제어한다는 것은 정신적 가치에 대한 긍정적 인식이 바탕에 깔려 있어야만 가능한 표현이다. 이 점에서 처용의 행적은 평범하지 않았으며 이 이야기에서 등장한 인귀관계에 대한 새로운 해석은 당대에 놀라움을 자아냈을 것이다.

처용의 상대적 우위에 기대어 귀신을 쫓아내는 역할을 하는 얼굴로 그려져 문에 붙여지기도 한다. 이름에서도 그 기능이 드러난다. 처용, '용을 처(處)하게 하다'. 즉 '얼굴을 자리에 두다' 정도로 직역이 된다. 처용 그림만 있으면 귀신을 쫓지 않아도 피해 간다고 생각했던 것이다.

처용이 귀신을 두려워하지 않은 것은 앞서 본 영월의 단종 귀신 이야기에서 김국환이 귀신을 두려워하지 않은 것과 성격이 다르다. 김국환은 초연한 시선과 자존의 마음으로 귀신을 두려워하지 않았지만 인귀관계에서 우위에 있지는 않았다. 처용은 귀신보다 우위에서 심리를 이용하여 그 소동의 현장에서 벗어났다. 이 거리는 귀신을 제압하였고 이후 처용은 모든 귀신이 피하고 굴복하는 존재가 되었다.

최근 탈박물관이나 처용무에서 볼 수 있는 처용 탈은 부드럽고 다소 코믹하지만 연구에 따르면 초기의 처용 탈은 무서운 얼굴이었다고 한다.

5. 상대 이용

일반적으로 귀신은 대단한 재주를 가졌다고 생각되었다. 시, 그림, 공예 등에서 뛰어난 재주를 발휘하면 귀신도 감탄할 정도라는 말을 하는데 이는 관용어에 해당할 정도이다. 요즘도 누군가 삽시간에 뭔가를 잘 했을 때 '귀신 같다'라는 말을 하지 않는가. 귀신은 인간보다 월등히 우월한 기술을 가진 존재로 이야기되었다. 일반적으로 인간이 귀신을 부릴 수는 없었지만 전혀 불가능했던 것은 아니었다. 귀신의 기술을 이용하여 인간 세상에 필요한 것들을 만들기도 하였다.

신라에서는 귀신을 동원하여 다리를 만들고 귀교(鬼橋)라 하였다. 서민의 딸인 도화녀(桃花女)와 신라의 25대 왕인 진지대왕(眞

智大王)의 영혼 사이에 비형(鼻荊)이라는 남자아이가 있었다. 아버지가 귀신이고 어머니는 인간이니 평범한 인물은 아니다. 그와 관련된 일화에 인간의 명령에 복종하는 귀신 이야기가 있어 이를 인용해 본다.

> 진평대왕이 비형의 특이함을 듣고 궁중에 데려다 길렀다. 15세가 되었을 때 집사(執事) 벼슬을 주었다.
> 비형은 밤마다 멀리 도망가서 놀았다. 왕이 50인의 용사를 시켜서 그를 지키게 했으나 매번 월성(月城)을 날아 넘어가 서쪽 황천 언덕 위에 가서 귀신들을 데리고 놀았다. 용사들이 숲속에 엎드려 엿보니 귀신들이 여러 절의 새벽 종소리를 듣고 흩어지자 비형도 돌아왔다. 군사들이 이 사실을 와서 아뢰었다.
> 왕이 비형을 불러 말하기를
> "네가 귀신들을 데리고 논다는 게 사실인가."
> 하니 낭이 대답하기를
> "그렇습니다."
> 고 하였다. 왕이 말하였다.
> "그렇다면 **너는 귀신들을 시켜 신원사 북쪽 도랑에 다리를 놓아라.**"
> 비형랑은 **임금의 명을 받아 귀신들을 시켜 돌을 다듬어 하룻밤 사이에 큰 다리를 놓았다.** 그러므로 귀교(鬼橋)라고 불렀다.
> ―「도화녀(桃花女)와 비형랑(鼻荊郎)」, 『삼국유사』.

귀신이 모여서 밤새 논다는 표현에서 귀신은 인간 사회의 법과 질서를 넘어선 존재로 자신들 나름의 질서를 가진 집단으로 생각되었음을 알 수 있다. 그런데 귀신이라고 모든 일을 제 마음대로 할 수는 없었다. 이 귀신 집단에게 왕이 명령을 내리자 귀신은 이에 복종하여 행동한다. 때에 따라서는 인간이 귀신을 부릴 수도 있다고 생각했음을 알 수 있다. 이야기에 따르면 시간적 배경은 500년대 말이다. 이 시기는 이미 불교가 널리 수용되어 바야흐로 무르익는 초기이므로 귀신의 영향력이 예전보다는 덜했으리라 생각된다.

귀신이 개인적인 목적으로도 이용되기도 하였다. 어떤 사람은 귀신을 부리는 기술을 가졌다고 전한다.

> 호종단(胡宗旦)은 성품이 총명하고 민첩하였으며 배운 것이 많고 글도 잘 지었으며 청초한 기분으로 스스로 즐겁게 지냈다. 겸하여 잡술에도 통달하여 **자주 염승(厭勝** : 귀신에게 기도하여 남에게 화를 주게 하는 것)**의 요술을 보이는 까닭에 왕도 그에게 혹하지 않을 수 없게 되었다.**
> ―「유재」, 「열전」 10, 『고려사』 97권.

고려에 온 송나라의 호종단이라는 자는 귀신을 두려워하기는커녕 이용하고, 부렸다고 전한다. 그리하여 귀신을 통해 다른 사람에게 화를 주기도 하여 왕도 그의 재주에 혹했다.

사람들은 귀신의 힘을 빌려 자신의 능력을 확장할 수도 있다고 생각했음을 알 수 있다. 앞서 본 여성 무당도 자신의 유익을 위해 귀신을 이용하지 않았던가.

4장의 긴 여행을 정리해 보자. 귀신에 대한 인간의 시선은 결국

귀신에 대한 인간의 해석이다. 이야기에서 인간이 귀신을 대하는 첫 시선이 무엇인지 알아내면 이야기의 결과를 예측할 수 있다.

귀신에 대한 인간의 원초적 시선이자 첫째 시선은 **'두려움'**이다. 귀신이 파괴 행위를 가하기 때문에 인간은 귀신을 두려워했다. 귀신은 인간의 목숨, 건강, 재물 모두를 파괴할 수 있는 두려운 존재였다. 그런데 흥미롭게도 귀신의 위협 없는 데도 인간 자신이 스스로 두려움을 만들어 내기도 하였다.

두려움에 사로잡히면 자의든 타의든 인간은 파괴되지 않기 위해 귀신에게 복종한다.

한편 귀신에 대한 반발심에서 귀신을 쫓아내려는 시도가 있었다. 하지만 웬만한 자신감을 갖추지 않으면 실패하기 십상이었다. 두려움에 빠지는 순간 정신이 흐트러지기 때문이다. 벽사와 축귀 행위는 용감해 보이지만 실은 두려움에서 벗어난 행동이 아니었다. 귀신이 실재한다는 사실과 귀신은 두렵다는 사실을 인정한 후에만 가능한 행동이기 때문이다.

축귀 방법으로는 귀신의 거처 파괴, 쫓아내기 같은 **일방의 폭력**과 귀신을 쫓아내는 듯한 제스처를 취하는 **모방 행위**의 방법이 있었다. 여기서 **공감주술**의 원리가 적용되고 있었다. 쫓아내려는 자가 시도한 축귀 방법은 그가 추구하는 정도(正道), 이성적 질서를 추구하는 방법과는 거리가 있다. 예를 들어 목 자르는 행위를 모방하여 축귀하려던 생각은 주술의 효용성을 믿었음을 증명하기 때문이다.

귀신에 대한 인간의 둘째 시선인 **'불안'**에 휩쓸린 인간은 파괴적 결과를 당하지는 않지만 귀신의 존재감을 자극하지 못하고 **소통 자체를 거부함**으로써 교류가 일어나지 않는다. 결국 두 존재는 **각**

자 속한 세계로 돌아간다.

귀신에 의해 불안이 초래된 경우도 있지만 반대로 **사람들의 불안에 의해 귀신을 만들어진 경우도 있다.** 불특정 다수의 불안이 의식적·무의식적으로 귀신을 만들어 내기도 하였다.

귀신에 대한 인간의 셋째 시선은 '**이해와 소통**'이다. 소통을 거리끼지 않는 사람은 귀신마저 이해한다. 적극적으로 소통하는 경우에는 **귀신의 트라우마를 치유하는 데**까지 도움을 준다.

귀신에 대한 인간의 넷째 시선은 '**거리 유지**'이다. 귀신과 거리를 둠으로써 귀신보다 정신적 우위를 점하는 시선이다. 이들은 귀신의 행위에 적극적으로 대응하지 않지만 귀신의 존재를 무시해서가 아니다. 난동을 피우는 귀신을 우월한 정신성으로 압도하여 오히려 귀신 스스로를 반성하게 만들었다.

귀신에 대한 인간의 다섯째 시선은 '**상대 이용**'이다. 인간은 귀신에게 명령을 내려 놀라운 재주를 인간 사회를 위해 사용하도록 했다. 사람에 따라서는 귀신을 부리기도 했으며 자신의 유익을 위해 귀신을 이용하여 사람을 홀리거나 파괴 행위를 가했다.

위의 다섯 시선 중 인간이 **어느 시선을 가졌을 때 가장 최선의 결과를 얻었는가?** 여느 시선보다 인간이 **이해와 소통의 시선**으로 귀신을 응시할 때 인귀 모두 원하는 것을 얻고 흔쾌히 자기가 속한 세계로 돌아갔다. 귀신의 트라우마가 치유되기도 하니 이해와 소통의 시선은 양쪽을 모두 회생시키는 **상생(相生)**의 시선이라고 할 수 있겠다.

귀신을 보는 인간의 시선과 반응을 표로 정리하면 다음과 같다.

귀신에 대한 인간의 시선	인간의 반응과 결말	인귀관계 요약
두려움	복종	귀신에게 복종한다.
	파괴	귀신이 인간의 정신과 신체의 건강, 재산 등을 파괴한다.
	반발	인간은 귀신을 쫓아버리려 한다
불안	무시	인간이 귀신의 존재를 무시하여 소통이 이루어지지 않는다.
이해와 소통	이해	인간이 귀신의 상황을 이해한다.
	도움	안간이 귀신의 트라우마 치유를 돕는다.
거리 유지	거리 유지	귀신을 굴복시킨다.
상대 이용	유익 추구	귀신을 부려 인간의 유익을 취한다.

chapter 5

이해 :
현대인인 나에게 귀신은?

chapter 5
이해 : 현대인인 나에게 귀신은?

1. 낯익은 것이 낯선 것이 되는 경험

 사람이 아닌 것을 친구로 둔 적이 있는가? 열 살 무렵, 학교 가방에 그려진 그림 속 주인공 훈이 살아있음을 의심하지 않고 믿었다. 밥 먹을 때가 되면 밥을 먹였다. 혼자 먹을 때는 미안하기조차 했다. 훈이 어디에서 나온 캐릭터냐고? '로봇 태권 V'의 남자 주인공. 여자 주인공 이름은 생각나지 않는다.

 어린 시절, 한 남자아이와 소꿉놀이를 한 적이 있다. 아이가 통을 가져와 양말 뭉치를 꺼내며 말했다. 하양 양말은 공주, 빨강 양말은 왕자, 까망 양말은 마귀할멈. 그 아이가 만들어 낸 이야기에 따르면, 이 양말 뭉치는 예쁜 공주를 성에 꽁꽁 가두어 놓은 마귀할멈. 용감한 왕자는 공주를 구하러 간다. 그러나 마귀할멈의 눈을 누가 속일 수 있겠는가. 곧 왕자는 발각되고 마귀할멈은 이렇게 외친다.

 "다 뜯어버리겠어. 내 종이 되지 않으면 말이다."

 나는 이 말을 듣고 나서는 우리 집으로 달려왔다. 까망 양말이 진짜 마귀할멈처럼 나를 바라봤기 때문이다. 너무 무서웠다.

 이 글을 읽는 독자도 경험해 본 적 있을 것이다. '사물에게 말 걸며 놀기'는 어린이들의 보편적인 놀이니까. 이런 놀이에서 사물은 종종 상상을 통해 실제의 영역으로 건너와 다른 존재가 된다.

신화학자 조셉 캠벨(Joseph Campbell)도 이와 같은 에피소드가 감정이 분출되는 과정을 보여 준다고 하면서 인간에게 '실제로는 없는 것들에 대한 잠재된 의식'이 있음을 지적했다.

사물에 언어를 부여하면 실제로는 없던 것들이 상상 속에서 사물로 재탄생한다. 언어가 사물에 붙으면서 의미가 생기고 어느 순간 살아있다고 느끼기도 한다. 그것이 심지어 두려움이 되기도 한다. 이러한 괴력은 순간적으로 생겨나 실재적 영향력을 발휘한다. 낯익은 것이 낯선 것이 되는 경험.

귀신도 위의 사물과 다르지 않다. 양말일 뿐인 대상에 지속적으로 언어를 부여한 결과 어느 순간 진짜 마녀로 느낀 것처럼 인간은 어떤 대상에 비일상적 존재의 힘을 상상하여 붙여왔다. 앞에서 본 나무만 하더라도 '소도'나 '두두을'과 같은 이름을 갖고 있었고 영적 존재로 대우받았다. 사물에 언어를 붙이면 살아있는 것처럼 느껴진다. 상상한 결과는 현실에도 영향을 미친다.

없는 것을 상상하는 경향을 조선의 지식인도 지적하였다. 귀신에 대한 생각, 즉 '귀신론'이 전하는데 남효온(南孝溫)과 김시습(金時習)의 「귀신론」이 대표적이다. 남효온은 자신의 「귀신론」에서 김시습이 귀신과 관련하여 언급한 에피소드에 동감한다고 하였다. 김시습이 말했다는 두 에피소드는 다음과 같다.

> 김시습이 전에 내게 말하기를
> "옛날 어떤 승려가 밤중에 변소에 가느라 당(堂)을 내려서다가 생물을 밟아 죽여 찍찍! 소리가 났다. 선승은 낮에 섬돌 아래

엎드려 있던 두꺼비를 생각하고는 자신이 밟아 죽인 것이 두꺼비라고 생각했다. 이어 지옥에 떨어져 반드시 두꺼비 죽인 벌을 받을 것이라고 여겨서 떨며 잠을 이루지 못하다가 새벽 무렵에야 선잠이 들었다.

꿈에 두꺼비가 저승 법관에게 소송장을 올리자, 우두아방(牛頭阿旁 : 머리가 소머리인 지옥의 옥졸) 사자가 와서 승려를 잡아다 시왕(十王) 앞에 매어 놓고 포락(炮烙 : 불에 달구어 지지는 것)의 형벌을 가하여 아비무간(阿鼻無干 : 불교의 지옥 이름, 가장 고통이 심한 제일 밑의 지옥)에 떨어뜨리려 하였다.

선승이 꿈을 깨고서 자신의 벌을 더욱 확신하여 그대로 앉아 아침을 기다렸다가 일어나 섬돌 아래를 살펴보았더니, 두꺼비는 없고 단지 참외만 섬돌 밑의 밟았던 곳에 뭉개져 있을 뿐이었다.

또 어떤 유생(儒生)이 어두운 밤에 산속을 걸어가다가 곡하는 소리를 들었다. 소리 나는 곳으로 찾아 들어가자 곡하는 소리가 점점 가까워지고 점점 커졌다. 한 동네 어귀에 당도하여 조용히 들어 보니 소리가 시내와 바위 사이에서 나왔고, 또 나아가서 자세히 살펴보니 꿀밤나뭇잎이 시내를 막아 소리가 났던 것이다. 잎을 치우고 들어보면 그 소리가 즉시 끊어지고, 잎을 놓아두고 들어보면 소리가 다시 들려왔다. 또 정신을 고요하게 하여 들어보면 물소리만 있고 곡하는 소리는 없으나, 물러가서 처음 곡하는 소리가 들리던 곳에 이르면 곡하는 소리가 처음과 같았다.

그렇다면 이 두 가지는 **지옥이나 귀신 울음소리가 실제 있는 것이 아니고 의심과 두려움이 마음 속에 가득하여 물체가 나타난 것**이다. 마음의 실상이란 잡으면 보존되고 놓으면 달아나니, 달아나면 생각이 생기고 생각이 생기면 바깥 사물에 끌려가게 된다. 외물에 끌려가는 데도 보존할 바를 알지 못하면 정신이 소모되어 피곤해지고 온갖 맥이 흐려져 깨끗하지 못하기 때문에, 형체가 없어도 형체가 있는 듯이 눈을 가리고 소리가 없어도 소리가 있는 듯이 귀를 가리다가, 점점 구원할 수 없는 데에까지 도달하면 마음과 정신〔心神〕도 이에 따라 없어지고 형상과 기운〔形氣〕도 따라서 흩어지는 것이다. 사람들이 이러한 사람을 보고 '참으로 귀신이 사람을 병들게 한다'고 여기는데, 이것이 어찌 제대로 된 이치겠는가.

이를 통해 보건대, **자기만의 견해〔獨見〕를 세울 만한 지식이 없고 또 사우(師友 : 스승으로 삼을 만한 벗)의 도움이 없어 성리학(性理學 : 인간의 본성 또는 존재 원리에 대한 학문)에 어둡고 화복(禍福 : 재앙과 복록)의 설을 두려워하는 자가 어두운 밤에 만일 사람이 없는 장소에 들어간다면 이러한 병을 일으키지 않는 자가 없을 것이다.**"

하였다. 동봉의 이 설은 어리석음을 깨뜨릴 가장 좋은 가르침이기 때문에 내가 인용하여 증거로 삼는다.

— 남효온, 「귀신론」, 『추강집(秋江集)』 5권.

위에서 드러나는 김시습의 견해는 두 가지이다. 첫째, 지옥이나 귀신의 울음소리 같은 것은 실제 있는 것이 아니다. 둘째, 의심과 두려움이 마음 속에 가득하면 물체가 되어 나타난다. 즉, 귀신은 사람의 심리가 만들어낸 것으로 지식이 없고, 지혜로운 친구가 없으며 마음이 약한 사람이라면 혹할 수밖에 없다고 하면서 상상이 귀신을 만들어 낸다고 결론지었다.

귀신이 상상의 산물이라는 사실은 남효온도 동감한 것처럼 동감이 간다. 그러나 김시습이 설명하지 못한 것이 있으니 곧, 사람들이 없는 것을 왜곡해서 상상하되 왜 굳이 '귀신'을 상상하느냐이다. 그렇지 않은가? 이 질문에 대한 답을 아래에서 생각해 보자.

2. 귀신을 상상하게 되는 이유는 무엇일까?

귀신은 인간이 고독할 때 나타난다. 혼자 있을 때 귀신이 오롯이 나타난다. 행여 귀신이 여러 사람 앞에 나타난다 해도 귀신의 의미는 한 인간에게만 적용된다. 이 일방성은 피할 수가 없다. 피하고 싶은데 피할 수 없기에 더욱 두렵다. 그 두려운 무엇이 귀신이다. 이런 경우가 인간에게 '사건'이 된다. 일상적이지 않다는 점에서. 귀신을 피할 수 없다는 점에서 충격이 되며, 이 충격을 인간은 '두려움'의 정서로 받아들인다. 이것은 곧 무의식 상의 트라우마의 발생 조건이다. 이 트라우마는 잠재되어 있지만 결국 드러나게 마련이다. 어떻게? 파괴적으로.

이 파괴적 무의식인 트라우마는 귀신으로 표출된다. **귀신은 '인간과 세계의 관계가 기본적으로 트라우마적인 데서 발생한 무의식의 표상이자 상상이 가해진 조작물'**이다. 귀신은 무의식적 속성과 상상된 특성을 동시에 가지고 있다.

인간은 자신을 둘러싼 세계를 세심히 관찰하고 나서 자신의 능력에 한계가 있고 세계는 위력적이고 일방적이라는 것을 간파했다. 즉 인간의 의지와 관련이 없다. 예를 들어, 하늘은 우리의 의지와 달리, 저기 위에 있으며 '하늘이 싫다'고 아우성쳐도 어쩔 수 없이 하늘 아래 살아야 한다. 이러한 **기본 전제**들은 수용할 수밖에 없는데 이런 점에서 기본 전제를 **운명적 조건**이라고 이름 붙일 수 있다.

인간의 의지와 관련 없이 작동되는 세계.

아무리 알려 해도 알 수 없는 미지의 것.

이것을 라캉주의자는 '실재계(the real)'라고 불렀다. 이름 붙이려 해도 완전히 언어화할 수 없는 영역. 실재계의 이러한 속성은 인간에게 운명적 조건이 된다. 실재계의 운명적 조건에 대해 인간은 관찰을 하는 동시에 상상의 나래를 펼쳤다. 물론 상상에 규칙이 없는 것은 아니다.

문명 초기인은 눈으로 보이는 가시적인 자연물 뒤에 순환하는 질서가 있음을 관찰을 통해 인식했고 이어 그 질서를 운영하는 엄청난 능력자로서 신을 상정했다. 신의 이미지나 속성, 신의 수(數) 등의 사실은 문명권의 정서에 따라 상상되었다. 인간은 신에게 신탁을 구하고 마음을 바쳐 제사를 지냈으며 살아갈 방법과 지혜를 구했다.

신에게 간구해도 여전히 파괴적인 자연 앞에서 사람들은 대처할 방법을 찾지 못했다. 그들은 자연의 파괴성에 선신(善神)이 아니라 파괴적인 악신(惡神)을 대응시켰다.

죽은 자에 대한 관찰도 이루어졌다. 몇 십년을 생생하게 살다가 어느 날 육체만 남기고 떠난 자들. 남은 육신은 그대로인데 움직이지 않자 '넋'이라는 정신성이 상상되었다. 죽은 자의 정신성, 즉 영혼은 대표적인 귀신이 되었다.

귀신의 역사적 변화 과정을 살펴보면, 귀신의 속성은 인간 외적 존재에서 내적 존재의 방향으로 이동한다. 인간 외부, 즉 세계의 질서를 담당하면서 인간 외부의 초월적 존재였던 귀신은 점차 인간과 같은 내적 속성을 공유하게 된다. 그리하여 신성보다 인성이 우세하게 된다.

현대에 가까울수록 귀신의 신성보다 귀신의 인성이 뚜렷해진다. 그러다 보니 인간은 귀신을 대하면서 혼란스러울 수밖에 없다. 귀신이 자신과 다른 존재인데도 인성을 갖고 있기 때문이다. 귀신은 인간이 분열된 상태를 보여 준다. 인간은 자신의 모습을 귀신 속에서 발견한다. 귀신은 인간의 감정과 정서를 가지고 있다.

결론적으로 귀신은 자연귀, 영혼, 사물귀, 물괴 등의 여러 모습으로 나타난다고 해도 그 의미는 궁극적으로 하나이다. 귀신은 인간의 능력 밖에 있는 세계, 라캉 방식으로 말하자면 실재계는 트라우마적이며 귀신은 이 트라우마의 표상이다.

3. 귀신을 두려워하지 않으려면

귀신을 두려워하지 않으려면 어떻게 해야 할까?

나의 경우, 귀신이 있는지 없는지 확인할 수는 없었지만 두려웠다. 나를 파괴할지도 모른다는 두려움. 그때는 왜 두려워하는지 몰랐으나 지금 생각해 보니 귀신이 내 의식과 정체성을 파괴할지도 모른다고 생각해서 두려워하였다. 귀신에 대한 명백한 지각(percepts)이나 경험도 없이 두려움에 젖고 불안에 빠진다면 무엇 때문에 초래된 정서일까?

　예전보다 조금 똑똑해진 탓에 지금은 이러한 생각이 그릇된 상상, 즉 망상이라는 것을 안다. 두려움은 많이 가셨지만 여전히 풀리지 않은 질문이 남아 궁금하다. 왜 두렵다는 느낌을 갖게 되었을까? 왜 '귀신은 두려운 실체이며 그것이 내 정체성을 파괴할 수 있다'는 상상을 하게 되었을까.

　사실 귀신을 본 적이 없으므로 귀신이 두렵다는 명제는 사실이라기보다는 **기존 귀신 담론**을 수용한 것이다. 즉, 증명되지 않았음에도 유효하다고 믿었다는 것이다. 여기서 나의 정서적 경향을 발견할 수 있으니 별 생각 없이 믿어 버리는 것이다. 실은, 믿는다는 자각도 없이 전적으로 수용해 버렸다. 돌이켜보니 난 참 마음이 여렸다. 세상의 담론에 상당히 영향을 받았으며 거부하지 못하고 수용할 수밖에 없었다. 세상은 자신의 의미를 일방적으로 제시한다고 생각했다.

　이즈음에 기억나는 에피소드가 있다. 어린 시절, 약체였던 나는 외할머니 손에 이끌려 근처 대형병원을 들락거렸다. 적십자병원에서 피뽑고, 세브란스 병원에서 마취하고 수술도 했다. 여섯 살이던가. 난 심하게 앓았고 사실 여부를 확인할 수는 없지만 나중에 외할머니의 말씀에 따르면 아무 병원에서도 고칠 수 없다고 했다 한다. 급기야 외할머니는 미신타파주의자였던 엄마를 설득해서 마지막으로 무당에게 가보자 했다 한다.

　그 자리의 섬뜩함이여. 어린 마음에 엄청난 무게를 가했다. 내내 무서워서 울었으며 모든 것은 너무 낯설었다. 아니나 다를까, 그 자리에서 무당의 입은 얼마나 큰 권위를 가졌는가. 그리고 샤머니즘의 세계에서 모든 병은 귀신의 영향이 아니겠는가. 그 무당 역시 그러한 결론을 외할머니와 어머니께 전했고 이 사건은 내게 엄청난 정신적 충격을 주었다.

무당이 얼핏 비친 비일상적인 세계. 어린 나로서는 상상도 못했던 세계의 문이 무섭게 열리는 경험이었다. 이 드러난 세계는 엄청난 무게로 어린 나를 압박했다.

주변 사람 이야기를 들어 보면 이러한 경험은 나만 가지고 있는 것은 아니다. 어떤 사람이 어린 시절, 동네굿 할 때 자신도 신들린 적이 있다며 어깨를 추스르며 말하는 것을 들은 적 있다.

이러한 경우, 사람들은 두려운 대상을 피한다. 밤이 되면 불을 켜서 주변을 밝히고, 혼자 있지 않으려고 복잡하고 바쁜 속에서 자신의 감정을 잊고자 한다. 그러나 트라우마는 주체적으로 치유하지 않으면, 즉 괴롭더라도 자신의 정신적 상처를 정면으로 응시하고, 그 의미를 수용하지 않으면 여전히 반복된다. 우리의 심리적 습성은 프로이트가 '반복 강박(repetition compulsion)'이고 '죽음 본능(death instinct)'이라고 지적한 것처럼 고통스러우면서도 고통을 재차 확인하고자 한다. 융(C. G. Jung)식으로 말하면 콤플렉스(complex)가 된다.

어린 마음에 너무 무거웠던 무당의 메시지. 그 메시지는 가혹한 상처를 남겼다. 무당을 알기 전에는 귀신을 알지 못했지만 그 사건 이후, 내 무의식에는 인간을 파괴하려는 귀신의 기표가 인식되었다고 할 수 있다. 성인이 되어서조차 종종 무의식적으로 줄곧 귀신의 침입을 두려워하느라 여념이 없었으니까.

어린 시절의 경험으로부터 다른 사람이 전하는 '언어의 효과'를 보게 된다. 즉 귀신의 실체를 보지 않았어도 귀신은 실체화되고, 실체와 같은 권위를 누리게 된다. 이 에피소드는 '귀신이 있다'고

믿게 되는 메커니즘을 보여 준다.

비록 채찍, 회초리로 맞은 육신의 상처는 아니지만 정신에 그어진 상처는 성인이 되도록 사그라들지 않고 **내 의지와 상관없이** 반복적으로 두려움을 유발했다. 이 두려움은 피할 수 없었다. 그래서 나는 불안에 떨었다.

'깨지 못하고 계속 악몽에 시달리면 어쩌지.'

'일어나야 해.'

'으 — 으 — 힘들어.'

이런 말을 되풀이했다. 그 고통이란 …….

초점을 맞춰 보자. 나의 에피소드는 귀신의 실존 여부를 증명하는 것이 아니다. 에피소드는 인간의 무의식에 미치는 언어의 효과를 보여 준다. 무당이 '귀신이 있다'고 말하니, 나는 '귀신이 있다'고 믿어 버렸다. 싫건 좋건 간에. 그리고 충격이 밀려 왔다.

어두워지거나 혼자 있는 순간에 더욱 엄청난 두려움이 큰 파도처럼 몰려왔다. 보이지 않는 어둠 속, 혹은 혼자 있는 순간은 가장 고독한 시간이다. 또 내가 세상과 소통되지 않는 상태이다. 따라서 정신적으로 상당히 취약하기 십상이다. 이 때 인간은 세계에 대해 아무것도 할 수 없으며 더욱이 세계를 이해할 수도 없다. 이러한 상태는 기본적으로 트라우마적이며 인간은 엄청난 두려움을 갖게 된다.

만약 두려움의 정도가 심각하다면 스스로 질문해 보자.

'나는 왜 귀신을 두려워할까?'

'귀신의 어떤 면이 두려운 걸까?'

당신도 나와 같은 트라우마가 있는가? 기억나지 않지만 돌이켜 보면 혹시 있을지 모른다. 그리고 어린 아이가 양말을 사악한 마귀할멈으로 생각한 것처럼, 사물과 사건에 의미를 붙여 귀신을 통통한 실체로 만들었을지 모른다. 세상엔 인간이 만들어낸 귀신투성이다. 트라우마의 표상들 말이다.

이제는 두려워하지 말고 귀신이 생겨난 배경을 이해해 보자. 귀신은 피해서 쫓을 수 있는 게 아니라, 바른 이해로 쫓을 수 있다. 두려움의 원천이 어디 있는지 이해하면 귀신의 작동 원리를 이해할 수 있다.

트라우마는 삶 속에서 여러 가지로 표현되는데 고전 작품의 귀신을 살펴본 결과, 임진왜란과 병자호란 등의 대규모 전쟁을 치르고 나서 귀신 이야기가 많아진 것을 알았다. 생존자들이 경험한 트라우마가 귀신으로 표상되어 서사화된 것이다.

귀신을 두려워하는 사람은 다른 일에 연루된 트라우마가 있을 가능성이 높다. 귀신의 배경에는 언제나 세계에 대한 인간의 두려움과 불안이 있다. 위협적이어서 두렵지만 아무 해결책도 찾지 못하고 이도저도 못하는 불안. 귀신은 불안 상태에서 빚어진 인간의 분열된 도플갱어(double goer)이다. 분열된 도플갱어를 마음에 잡아두지 말자. 과거 속 상처가 있는지, 풀어야 할 인간관계는 없는지 돌아보자. 꼼꼼히 자신을 분석하다 보면, 상상적 도플갱어는 대개 사라지게 마련이다.

살면서 트라우마를 피할 수는 없다. 그러나 트라우마를 치유할 수는 있다. 최소한 두려움으로 직행하지 않으면, 절반은 성공이다. 따져보라.

4. 귀신 이야기는 왜 지금도 만들어질까?

귀신은 영화와 드라마, 소설, 만화 속 등에서 부활하는 전천후 캐릭터이다. 앞으로도 귀신은 사라지지 않을 것이다. 귀신은 사라지지 않을 뿐더러 같은 류로 보이는 도깨비나 괴물로도 대체되지 않는다. 왜일까?

귀신을 통해서만 느낄 수 있는 정서가 있다. 다른 존재와 달리 귀신은 신성(神性)과 인성(人性)을 동시에 갖고 있다. 괴물과 도깨비는 하나의 속성(一性)이 강하지만 귀신은 두 개의 속성이 내재하며 더욱이 이질적인 속성이라 감상자는 심리적으로 분열을 경험하게 된다.

현대의 귀신은 인간 외부에 존재하는 외재적 존재라기보다는 내재적 존재이기 때문에 충격적이고 자극적이다. 외부의 귀신은 인간과 별개인 존재이지만, 인간 안에 깃든 귀신은 신성과 인성을 모두 가지고 있어 두 존재인 듯한, 하나의 존재이다. 한 존재 속에서 이질적 속성이 강렬히 부딪친다.

귀신 이야기는 각 시대의 트라우마를 반영한다. 현대 공포물의 귀신은 현대인의 트라우마를 반영한다. 죽을 것 같이 두려워하면서도 그 두려운 충격과 불안을 즐기는 심리는, 놀이공원에서 죽을 것같이 아찔한 놀이기구를 타면서 즐기는 심리와 같다. 이는 인간의 죽음 본능을 자극한다. 따라서 귀신 이야기는 사라지지 않고 다시 출현한다.

귀신은 상업적 소재로도 충분한 가치가 있다. 심리적으로 자극하고 알 수 없으면서도 알려는 호기심은 앞으로도 문화 산업의 상품이 될 것이다. 귀신은 좀더 복합적이고 자극적인 모습으로 재생

할 것이다. 귀신 이야기는 파괴적 내용이 구체화되고, 귀신을 둘러싼 관계가 극단화되며, 개체가 분열하는 세 방향으로 가면서 점점 정교해지고 있다. 귀신의 파괴성, 심리상의 위치는 극단을 향한다. 그리고 귀신과 나는 점점 분리되지 않고 일치한다. 악귀는 나와 공존한다. 감상자를 숨막히게 하면서 귀신은 생존할 것이다. 인간에게 트라우마가 있는 한, 그리고 그 **치유법을 모르는 한**, 귀신서사와 담론은 계속 만들어질 것이다.

5. 귀신 외의 귀신

귀신의 원초적 속성은 파괴성이다. 귀신 외에는 파괴적인 존재가 없을까? 그렇지 않은 것 같다. 어느날 나는 귀신이 아닌 것에서 귀신의 속성을 감지하였다. 귀신은 문화 분야가 아닌 다른 곳에서 다른 형태로 당당히 부활하였다. 이 형태는 귀신을 대체할 강력한 존재로 보인다.

귀신 외의 귀신은 무엇이란 말인가? 겉모습은 귀신이 아니지만 귀신의 파괴적 속성을 가진 것을 귀신이라고 할 수 있다.

예를 들어 보자. 인간의 생존 조건을 위협하는 **일부 신기술**은 상당히 파괴적이라고 생각한다. 현대인의 과학과 기술에 대한 시선은 상당히 긍정적이다. 마치 모든 과학과 기술이 진정한 대안인 것처럼 생각하고 때로는 숭배하는 인상을 주기도 한다. 그러나 모든 기술이 언제나 추구해야 할 가치를 가지고 있는 것은 아니다.

역사상 기술은 결핍과 문제 상황을 해결하기 위한 인간의 자구책으로 개발되어 왔다. 예를 들어 현대 사회의 막대한 쓰레기를 에

너지화하기 위한 바이오매스(biomass) 기술이 개발되었고 공해를 일으키는 화석 연료를 쓰지 않기 위해 하이브리드(hybrid) 자동차 등이 개발되고 있다. 이처럼 인간에게 득이 되는 좋은 기술도 있지만, **모든 기술이 다 좋은 게 아니며** 항상 같은 가치를 지닌 것도 아니다. 단순히 말해서 좋은 기술이 있고 나쁜 기술이 있다.

그렇다면 나쁜 기술이란 무엇인가? 생산적이지 않고 파괴적인 기술이다. 건강한 결과가 아닌 파괴적 결과를 가져오는 기술이다. 파괴적일지 어떻게 아느냐고? 기술과 관련한 미래조망도가 구조적으로 그러하다.

세계, 즉 삶의 환경에 대한 인간의 두려움이 모두 귀신을 만들어내는 것은 아니지만 두려움에 사로잡혀 파괴적 귀신을 만들었던 것처럼, 현대에서는 인간의 두려움이 욕망을 지나치게 키웠고 파괴적 결과를 초래할 가능성이 높은 기술을 개발하고 있다.

인간의 역사는 두려움을 딛고 약함을 극복하고자 노력한 주체적인 시간이었다. 그러나 일부 신기술, 예를 들어 인간이 창조의 주체가 되어 피조물을 생산하는 기술은 이전과 차원이 다른 삶을 불러온다는 면에서 획기적이지만 파괴적인 결과를 예상하게 한다. 사이버네틱스 연구자들은 인간처럼 감정을 표현하는 로봇을 만들려 하고, 생명공학자들은 고등생명체를 복제하려고 한다. 인간과 로봇의 합성체 연구도 진행되고 있다. 이와 같은 첨단기술 개발에 긍정적인 담론은 산업과 경제에 도움이 될 것이라며 핑크빛 꿈을 생산하고 퍼뜨린다. 먹고 사는 일에 바빠 과학에 별로 관심이 없는 일반인의 예상보다 로봇 개발 수준은 이미 상당하여 언젠가는 먹고 사는 일을 로봇이 대체할 전망이다. 인간이 로봇의 수발을 들 날도 그리 멀지 않은 듯하다. 로봇, 복제생명체, 인간과 기계의 조합과 같은 기술개발의 결과물을 보면서 신기술 옹호자들은 피조물을 창조해 낸 인간의 능력에 뿌듯함을 느낄 것이다.

아무리 핑크빛의 미래를 예상한다 해도 일어날 만한 일은 일어난다. 피조물 관련 신기술이 자랑하는 대로 획기적인 기술인 만큼, 그 결과도 획기적일 것이다. 이러한 기술은 파괴적 결과를 초래할 구조를 갖고 있다. 로봇의 인간 대체 현상은 이미 시작되었으며 다수의 인간을 소외시킬 전망이다. 생산성이 뛰어난 로봇을 당할 자 누구랴.

사실 **로봇에 의한 인간 소외의 문제** 외에 다른 문제는 없을까? 로봇과 인간은 어떤 관계를 유지하면서 공존할 수 있을까? **평화로운 공존이 가능할까?**

이미 감정표현이 가능한 로봇이 개발된 현재, 앞으로 인간적 능력을 가진 로봇이 나타나지 않으리라는 보장이 없다. 고도의 능력을 지닌 로봇이 인간의 감정마저 고스란히 가진다면 어떤 일이 일어날까? SF 영화의 장면을 목격할지도. 만약 이러한 상상이 실제가 된다면 로봇은 인간에게 새로운 트라우마의 대상이 될 것이다.

별걸 다 고민하는 것일까? 그러나 귀신이 예상치 못한 순간에 소리 없이 나타나 위협하는 것처럼, 어느 날 인간의 피조물들이 갑자기 위협적으로 다가올지 모른다. 나는 귀신과 로봇 터미네이터의 차이를 잘 모르겠다. 오히려 터미네이터의 위력이 두려울 뿐이다. 귀신은 개인과 소수에게만 위협을 가하지만 터미네이터는 인류에게 전면적인 위협과 위험을 가하기 때문이다. 인간의 목덜미를 쥐어잡고 물을지 모른다.

'나를 왜 만들었나?'

인간만큼 지능과 감정을 가진 로봇의, '나를 왜 만들었는가?'의 질문에 누가 대답할 것인가? 우리 인간은 **신기술을 감당할 문화를 가질 수 있을까? 피조물을 만든다는 것은 창조주로서 피조물에 대한 책임을 져야 한다는 것과 동전의 양면을 이루고 있다.**

일반화하지 말라고? 미래가 스스로 보여 줄 것이다.

책이나 서류를 읽을 때 이런 생각을 해본 적 없는가? 나는 아래와 같은 생각을 여러 번 했다.

'로봇의 눈을 달고 수많은 책들을 스캔해서 저장할 수 있으면 좋겠어. 그러면 전보다 생산성 높은 결과를 낼 텐데.'

그러나 곧 생각을 바꾸었다. 로봇의 기술로 만들어 낸 결과는 나에게 어떤 의미가 있을까? 더 높은 생산성, 더 많은 결과를 위해 내가 나를 더욱 착취할 것만 같다. 일찍이 각 문명권의 현자들이 지적하기를, 욕구와 욕망은 채워지지 않는다고 하지 않았던가. 욕구는 끝이 없으며 늘 결핍감을 남긴다. 비록 천년, 아니 그 배를 산다 해도 행복을 느끼지 못한다면? 부귀영화가 헛되다는 게 아니라 그보다 더 근본적인 게 있다는 뜻이다.

점심을 먹고 올라오다 보니 행사를 알리는 현수막이 길가에 펄럭였다. 그 현수막에 쓰인 글귀에 무심결에 읽고 나서는 섬뜩해졌다. 그리고 슬퍼졌다. 이렇게 쓰여 있었다.

'로봇을 꿈꾸는 인간, 인간을 꿈꾸는 로봇'

순간 잘못 읽었다.

'로봇을 꿈꾸는 인간을 꿈꾸는 로봇'

chapter 6

여유 :
다른 문화권의 귀신은
어떤 모습일까?

chapter 6
여유 : 다른 문화권의 귀신은 어떤 모습일까?

여기까지 온 지금, 이제 귀신에 대한 마음과 시선에 여유가 생겼다. 우리는 2장에서는 귀신이 어떻게 생겼는지, 그리고 어떤 유형이 있는지, 3장에서는 귀신이 왜 나타나는지, 4장에서는 귀신에 대한 인간의 시선이 무엇이었는지, 5장에서는 우리에게 귀신의 의미가 무엇인지를 생각해 보았다.

마음의 여유가 생겼으니 다른 문화권의 귀신은 어떠했는지 알아보자. 친구들이 귀신을 어떻게 보았는지 알아보면 지피지기(知彼知己)의 정신으로 더욱 여유로워질 것이다.

시작 전에 음악과 커피 한잔? Fourplay의 Magic Carpet Ride를 틀어 놓고 커피는 블랙커피로. 귀신 이야기에 어울리지 않는가? 강렬하니까.

자, 우리 주변의 두 나라 일본의 「겐지 이야기」, 중국의 「섭소천」과 영어 문화권의 영웅서사시 「베오울프」에 나오는 귀신을 감상해 보자. 각 귀신은 문화권 특유의 정서를 보여 준다.

1. 모노노케가 된 강렬한 질투

히카루 겐지. 아름다운 모습에 이름도 '빛나는 남'이다. 1000~1100년 사이에 집필된 것으로 알려진 일본의 고전, 「겐지 이야기」에는 천황의 아들인 겐지의 여성 편력, 연애 심리 등이 화려하고도 섬세히 그려져 있다. 귀족 남자들이 비 내리는 날 밤에 모여 여인 품평회를 하는 부분을 읽다 보면 현대 일본소설 무라카미 류의 『사랑에 관한 짧은 기억』과 같은 책이 왜 일본에서 쓰여졌는지, 문화적 전통에 대한 느낌이 온다.

「겐지 이야기」는 중세의 작품인데 표현의 내용과 수법이 상당히 근대적이다. 심리 표현을 보고 있노라면 공감이 가는 것 이상으로 어떻게 이렇게 세심히 포착했을까 미소가 절로 나온다.

겐지는 아주 잘생긴 사람이다. 얼마나 잘 생겼는지 이 세상 사람이라 여겨지지 않을 정도였으며 천황은 그 아름다움 탓에 행여 일찍 죽지나 않을까 걱정까지 한다. 잘 생긴 데다가 품성이 낭만적이어서 사랑하는 여인도 많았고 그만큼 여인의 원한을 사는 일도 많았다.

원한은 단순한 원망이 아니었으니 그 강렬함은 무언가로라도 표출되어야만 할 것 같은 터질 듯한 느낌을 준다. 마침내 여인의 원한이 살아있는 영혼, 즉 생령(生靈)의 형태로 표출되었다. 이를 일본에서 '모노노케(物の怪)'라고 부른다. 현대 일본의 유명한 애니메이션 미야자키 하야오의 「모노노케 히메(物の怪姬)」가 떠오르지 않는가? 그 작품에서도 강렬한 정서를 분출하는 캐릭터들을 볼 수 있었다. 모노노케 히메인 여성 캐릭터는 대체 웃는 것을 보지 못했는데 그로써 그녀가 품은 정서가 어떤 것인지 감이 온다. 위에 거론한 작품들을 감상하다 보면 터질 듯한 정서와 그것이 유발시

키는 미감을 느끼게 된다. 나의 경우엔 답답한 충만함, 충만한 답답함을 느꼈다.

여기서 모노노케가 나타나는 한 에피소드를 감상해 보자. 겐지의 연인이었던 모노노케가 겐지의 연인, 유가오를 죽인다. 왜 겐지가 아닌 잘못도 없는 유가오를 죽였는지는 알 수 없으나 모노노케는 옳고 그름, 윤리나 정의를 따지지 않는다. 겐지를 죽이면 자신의 삶의 의미도 사라지므로 연인을 죽인 것이 아닐까? 연적도 없애고 자신이 사모하는 임에게도 심리적 타격을 가할 수 있고 말이다. 사랑하는 이들은 서로에게 테러를 자행하지 않는가. 부질없는 짓이지만. 단순하지 않은 심리전이 펼쳐진다.

이 에피소드에서 겐지는 어부의 딸인 유가오에게 푹 빠져 스스로 '이토록 여자에게 혼을 빼앗기기는 예전에 없던 일인데 대체 이 무슨 운명이란 말인가.'라고 독백한다. 그녀를 매일 만나면서도 떨어져있는 시간을 참지 못한다. 그러다가 겐지의 사랑을 받아들일지 말지를 주저하는 그녀를 한참 다독이고는 소문이 나지 않을 만한 장소를 찾아 하룻밤을 보내려 한다. 일을 도모한 그날 밤, 일은 뜻대로 되지 않고 변을 당한다. 모노노케가 나타난 것이다. 겐지가 유가오를 데리고 가는 장면부터 감상해 보자.

이렇게 겐지는 중얼거리는데 그 얼굴이 아직도 복면에 가려져 있습니다. 여자가 복면이 답답하고 서먹서먹하다며 싫어하니 과연 이렇듯 깊은 사이가 되었는데 여전히 얼굴을 숨기기가 미안해 처음으로 복면을 벗었습니다.

저녁에 내린 이슬에 꽃이 피듯

지금 내 복면을 벗고
얼굴을 보이는 것은
지나가는 그 길에서
모습을 보인 인연이 있었음이니

"어떠하오? 하얀 이슬처럼 빛난다는 내 얼굴이."
겐지가 말하자 여자는 힐긋 곁눈질을 하면서 가녀린 목소리로 화답하였습니다.

이슬에 젖어 빛나듯
빛나보이던 얼굴이
지금 가까이에서 보니
그만은 못하오
해질녘 어둠 속에서
잘못 보았나보이다

겐지는 여자의 그런 노래마저 흥미롭게 생각하였습니다. 완전히 모습을 드러내고 마음을 연 겐지는 세상에 둘도 없을 만큼 아름다웠습니다. 더욱이 장소가 이렇듯 음산한 탓인가 한층 아름다움이 돋보여 귀신마저 매료되지 않을까 불길하게 느껴졌습니다.
"언제까지고 남처럼 이름조차 가르쳐 주지 않는 당신의 박정함이 원망스러워 나 역시 얼굴을 보이지 않으려 했소이다. 그러니 지금이라도 이름을 가르쳐 주시오. 그렇지 않으면 마음이 편치 않을 듯하니."
겐지가 이렇게 말하였지만, 여자는 서먹서먹 수줍어하는 모습이 응석을 떨고 있는 듯도 보였습니다.
"어부의 자식인걸요. 이름을 밝힐 만한 신분이 아니옵니다."
"어쩔 수 없군. 그 또한 내 탓이 클 터이니."
이렇듯 투정을 부리고, 사랑의 말을 주고 받으면서 종일을 지냈습니다.

어부의 딸을 사랑하게 된 겐지는 사람들의 눈을 피해 사랑을 나눌 수 있는 곳으로 가는 길에서 유가오와 대화를 나눈다. 유가오는 이름조차 가르쳐 주지 않으며 은근히 저항을 하면서도 따른다. 사랑하는 사람들의 밀고 당기는 말에 웃게 된다.

마침내 고레미쓰가 거처를 찾아내어 과일 등을 올렸습니다. 우근과 마주치면 당신의 수작이 아니냐고 따지고 들 것이 분명하여 꺼림칙한 마음에 겐지 곁에는 가지도 않았습니다.
고레미쓰는 한 여자 때문에 이렇듯 사람들의 눈을 피해가며 이리저리 방황하는 겐지의 애착이 흥미로워 그럴 만한 가치가 있는 여자임이 틀림없다고 상상했습니다. 그러면서 자기가 먼저 말을 건넬 수도 있었는데 겐지에게 양보한 것을 스스로 마음이 너무 넓었다고 분해하니 참으로 어처구니 없는 일이지요.
노을진 저녁 하늘을 바라보고 있는데 방이 어둡고 음산하다 하여 여자가 겁을 내니 겐지는 발을 걷어올리고 여자 곁에 나란히 누웠습니다.
저녁 노을에 비친 서로의 얼굴을 마주보면서 여자도 뜻하지 않게 일이 이렇게 된 것을 불가사의하게 생각하였습니다. 겐지는 지금 모든 불안과 수심을 잊고 조금씩 자기에게 마음을 여는 여자의 모습이 뭐라 말할 수 없이 사랑스러웠습니다.

종일 겐지 곁을 떠나지 않고 지내면서도 아직 두려움에서 벗어나지 못한 듯 움찔거리는 모습이 싱그럽고 가련하기도 합니다.

겐지는 일찌감치 격자창을 내리고 등잔불을 준비하라고 일렀습니다.

"이렇게 격의없는 사이가 되었는데 아직도 그대는 숨기고 있는 것이 있으니 답답한 일이구려."

겐지는 투덜거렸습니다. 지금쯤 궁중에서는 폐하께서 겐지를 무척 찾을 터인데 폐하의 명을 받은 내시가 어디를 어떻게 찾아 헤매고 다닐지 걱정스러웠습니다.

'그건 그렇고 이렇듯 이 여자에게 흠뻑 빠져들다니 나 자신도 알 수 없는 노릇이구나. 근자에 육조의 미야스도코로에게는 한 번도 찾아가지 않았으니 얼마나 나를 원망하고 상심하고 있을까. 원망을 사는 것은 괴로운 일이지만, 그 사람으로서는 어쩔 수 없는 일이지.'

겐지는 육조의 미야스도코로에게 가장 미안해했습니다. 눈앞에 마주하고 앉아 있는 여자는 이렇게 새침하고 천진하여 견딜 수 없이 사랑스러운데 육조의 미야스도코로는 자존심이 너무 세서 갑갑하고 따분하니 그 점만 조금 고쳐 주면 좋을 터인데 하고 겐지는 마음속으로 두 사람을 비교하였습니다.

겐지는 유가오와 같이 머물면서 그녀의 아름다움에 빠지지만 마음이 가볍지만은 않다. 전에 사랑했던 여인, 육조의 미야스도코로 생각이 들어 미안한 마음이 생겼기 때문이다. 그렇다고 유가오와의 사랑을 포기할 생각은 전혀 없다. 그러나 미야스도코로가 생각난 것은 자신의 행동이 그다지 떳떳하지 않다고 느끼기 때문이다. 자연스럽게 떠오른 이 생각은 앞으로의 사건이 누구에 의한 것일지를 암시한다.

밤이 찾아와 잠시 선잠을 자고 있는 두 사람의 베갯머리에 소스라칠 만큼 아름다운 여자가 앉아서 이렇게 말하는 것이었습니다. "진정으로 당신을 사랑하고 흠모하는 이 몸을 버리고 이렇게 평범하고 보잘것없는 여자를 데리고 다니며 총애하시다니 너무하옵니다. 너무도 뜻밖이라 분하고 억울하옵니다."
그러면서 겐지 곁에서 자고 있는 여자를 붙잡아 깨우려고 하는 꿈을 꾸었습니다.

꿈에 모노노케가 나타난다. 놀랄 만큼 아름다운 여성이 나타나 분하고 억울하다고 호소한다. 귀신 중에는 미녀가 많다. '미(美)'와 귀신이 관련이 없어 보이는가? 아니다. 극도의 미는 강렬함과 관련이 있어서 극한의 감정과 통한다. 강렬한 '미'는 강렬한 귀신의 정서와 상통하는 면이 있다. 이 둘은 배치되는 가치가 아니다. 이제 모노노케는 유가오를 해치려는 제스처를 취한다.

무엇인가 덮치고 있는 듯 가위에 눌리고 숨이 막혀 눈을 뜨자 갑자기 등잔불이 꺼졌습니다. 캄캄한 어둠 속에서 불길한 느낌에 칼을 뽑아 부적처럼 베개맡에 놓아두고 우근을 깨웠습니다. 우근도 겁이 나는지 무섭다는 표정으로 움찔움찔 곁으로 다가왔습니다.
"복도에 있는 숙직자를 깨워서 불을 붙여오라고 하거라."
겐지가 우근에게 명하자 우근이 말하였습니다.

"이렇게 어두운데 어떻게 가라 하시옵니까?"

"어린애 같은 소리를 하기는."

겐지가 웃으면서 손뼉을 치자 메아리처럼 그 소리가 울리면서 음산하게 퍼져나갔습니다. 허나 아무도 소리를 듣지 못하는지 달려오는 자가 없어 여자는 무서움에 바들바들 떨면서 어쩔 줄을 모르고 있습니다. 땀마저 축축하게 배어 나오고 정신을 잃은 듯 보입니다.

"아씨는 툭하면 이렇게 겁에 질리는 체질이온데, 지금 그 심정이 어떠하겠습니까?"

우근이 말하였습니다.

'그지없이 나약한 사람이 얼마나 불안하였으면 낮에도 하늘만 쳐다보았을까? 못할 짓을 하였구나.'

이렇게 생각하며 겐지는 말하였습니다.

"내가 사람을 깨워 와야겠구나. 손뼉을 치니 소리가 울려 시끄러워서 아니 되겠다. 너는 여기서 잠시 아씨 곁을 지키고 있거라."

그러면서 우근을 유가오 곁에 데려다놓고 서쪽 문을 여니 어찌 된 일인가 복도에도 불이 꺼져 있었습니다.

바람이 다소 불고, 숙직자들도 많지 않은데 모두들 잠이 들었는지 인기척이 느껴지지 않았습니다. 집지기의 아들이며 평소 겐지가 가까이 두고 심부름을 시키는 젊은이와 수행원밖에 없습니다. 기척을 하자 집지기의 아들이 반응을 보이며 일어났습니다.

"불을 밝혀 오너라. 수행원에게는 활시위를 퉁기고 계속 소리를 지르라 이르거라. 이렇게 인적 없는 곳에서 안심하고 잠을 자다니 한심하구나. 아까 고레미쓰가 보였는데 어디에 간 것이냐?"

겐지가 이렇게 묻자 수행원이 대답하였습니다.

"아까까지 대기하고 있다가 아무 부름이 없으시기에 새벽녘에 모시러 오겠노라는 말을 남기고 돌아갔사옵니다."

집지기의 아들은 장인소 소속의 궁중을 경비하는 무사인 터라 능숙한 솜씨로 활시위를 퉁기고 "불조심, 불조심"이라고 소리를 지르면서 집지기의 가족들이 사는 쪽으로 사라졌습니다.

그 소리에 겐지는 궁중의 생활을 떠올리며 이렇게 가늠하였습니다.

'지금쯤 숙직하는 관리들의 이름을 확인하는 일은 다 끝났겠지. 근위부 소속 숙직자들의 이름을 확인하는 시각일 게야.'

그렇다면 밤이 그리 깊지는 않았다는 뜻이겠지요.

겐지가 방으로 돌아와 손을 더듬어 확인해 보니, 유가오는 원래 모습대로 누워 있는데 그 옆에 우근이 엎드려 있었습니다.

"이 무슨 꼴이냐. 겁을 먹어도 정도가 있지. 이렇게 황량한 곳에는 여우 같은 짐승이 살고 있어서 인간을 위협하려 못된 짓을 하는 법이거늘. 허나 내가 있는 이상 그런 것들에게 일을 당하지는 않을 것이다."

이렇게 말하며 우근을 일으켰습니다.

"아아, 끔찍하옵니다. 저는 너무도 무섭고 끔찍해서 엎드려있었사옵니다. 그보다 아씨야말로 얼마나 무서울지요."

우근이 말하자 겐지가 물었습니다.

"오오, 그렇구나. 그런데 왜 그리 무서워하는 것이냐?"

그러면서 유가오를 끌어안아 더듬어 보니 숨도 쉬지 않았습니다. 흔들어 보아도 몸이 맥없이 흔들거릴 뿐 정신을 잃은 모양이었습니다.

"어린애처럼 연약한 사람이라 귀신에 홀린 게로구나."
겐지는 어쩔 줄 몰랐습니다.
그 때 집지기의 아들이 불을 밝혀 왔습니다. 우근마저 거의 정신을 잃어 몸을 움직일 수 있을 것 같지 않았습니다. 겐지는 가까이에 있는 휘장을 끌어당기며 명하였습니다.
"좀더 가까이 오너라."
그러나 침소 가까이 가는 것은 전례가 없는 일이라, 집지기의 아들은 삼가 조심스러워 툇마루에서 방 안으로 들어가지 못하고 있습니다.
"좀 더 불을 가까이 가지고 오라지 않느냐. 때와 장소를 구별하여 가릴 것을 가려야지."

모노노케의 위협에 당황한 겐지는 잠에서 깨서 사방이 어두운 것과 유가오가 실신한 것을 발견하고는 사태를 확인하기 위해 하인들을 찾아다닌다. 모노노케는 어둠 속에서 그 힘을 발휘하기 시작하고 사람들은 정신을 잃기 시작한다. 겐지는 유가오가 연약해서 귀신에 홀렸다고 생각하고 있다.

이렇게 말하고 겐지는 불을 당겨 유가오를 들여다보았습니다.
그 머리맡에 아까 꿈에서 보았던 여자가 환영처럼 불쑥 떠올랐다가 사라졌습니다.
옛날 이야기 속에나 이런 일이 있는 줄 알았는데 이렇게 해괴망측한 일이 현실에서 일어나다니 예사롭지 않고 불길하기 짝이 없었습니다. 아무튼 유가오가 어떻게 된 것인지 걱정스러움에 마음이 흔들려 자신에게 해가 미칠지도 모른다는 생각 따위는 할 여유도 없는 겐지는 살며시 유가오의 곁에 누워 눈을 떠보라 하였습니다.

"이 어찌된 일이오."

그러나 유가오의 몸은 싸늘하게 식었으니 벌써 숨을 거둔 지 오래였습니다.

유가오가 걱정돼서 바라보는 겐지의 시선에 꿈 속에서 본 모노노케의 영상이 스쳐간다. 겐지의 안타까운 노력에도 불구하고 유가오는 숨을 거둔다.

질투심에 사로잡힌 누군가는 모노노케가 되어 인간을 죽였다. 여인은 겐지의 꿈에 나타나 자신을 사랑하지 않고 다른 여인을 사랑하느냐며 고통을 호소하고는 이어 복수를 하였다.

모노노케에게도 그 나름의 이유가 없지 않다. 자신에게 주어져야 할 애정이 다른 곳을 향한다는 것은 자기 존재에 대한 부정, 해체를 의미하기에 받아들일 수 없는 일이다. 치욕적인 일이며 모른 척 넘어갈 수 없는 문제이다. 자신의 깊은 상처를 연인에게 보란 듯, 연인의 연인을 살해하는 사건으로 보여 주고 있다.

질투로 인한 살인. 연인의 마음을 회복할 수 없는 상태가 되자 정신은 폭발적 힘으로 뭉쳐져 응어리졌다. 이 표상이 모노노케로 나타난다. 긍정적으로 시선을 끌지 못하면 부정적으로라도 시선을 끌고 싶은 유아적 욕망과 비슷한 구석이 있다.

이야기에서 모노노케의 정체가 밝혀지지는 않으나 서사문맥으로 봐서 미야스도코로일 가능성이 높다. 아니더라도 겐지가 사랑했다가 관심 밖으로 밀려난 여자임은 분명하다.

강렬한 모노노케는 인간 정서의 단면을 잘 보여 준다. 인간의 정서가 얼마나 독한 일을 해내기도 하는지 보여 준다. 이를 '독성적 정서'라고 이름 붙여 본다. 이 독성은 천천히 축적되다가 한 순간에 폭발적으로 표출된다. 이 강렬한 에너지는 일본 서사의 장구한 역사에서 특징적인 한줄기 흐름을 이룬다. 소설만이 아니라 영화나 애니메이션 등 많은 문화적 결과물에서 이 독성적 정서를 발견할 수 있다.

2. 사랑스러운 엽기성

예상 외의 뭔가를 만나면 당황스럽다. 「섭소천(聶小倩)」을 만난 느낌도 그러했다. 이렇게 엽기형 캐릭터를 발견하게 될 줄이야. 1679년 작으로 알려진, 청나라 작가 포송령의 『요재지이(聊齋志異)』에 사랑스러운 엽기 귀신 이야기가 전한다. 여귀의 이름은 섭소천. 우리나라의 1980년대 말 1990년대 초에 영화계를 강타한 「천녀유혼」의 주인공과 이름이 같다. 영화의 기본적 모티브가 이 소설에 있다고들 한다.

섭소천의 상대 남자는 영채신. 그는 여행 중 어느 절에 묵다가 우연히 소천을 만나게 된다. 주요한 부분을 옮겨 본다.

> 영채신은 절강성 출신인데 성격이 시원스럽고 품행이 단정하며 신중한 사람이었다. 언제나 다른 사람에게 한다는 말이
> "내 한평생 아내 말고 다른 여자는 없다."
> 라고 하였다.
> 한번은 그가 일이 있어 금화에 갔다가 성의 북쪽에 있는 어떤

절에 여장을 풀었다. 절 안의 전각과 탑들은 매우 크고 화려했지만 쑥대가 사람 키보다 높게 자라난 풍경으로 보아 오랫동안 인적이 없었던 것 같았다. 동서로 가로놓인 승방에도 쌍빗장이 시늉으로 걸린 것 같았다. 다시 불전의 동쪽 모퉁이를 살펴보니 아귀에 꽉 찰 듯한 굵은 대나무가 자라고 있고 계단 아래의 커다란 연못에는 야생 토란이 꽃을 피우는 참이었다. 영채신은 이곳의 고요하고 그윽한 정경이 매우 마음에 들었다. 마침 학사안림〔중앙 정부에서 각 성에 관리를 파견해서 3년 임기 동안 생원 시험을 보았는데 이를 안림이라고 했다〕 때문에 금화성 안은 방값이 급등했으므로 그는 이 절에서 묵어야겠다고 마음먹었다. 이리하여 그는 절 주변을 천천히 돌아보면서 주인이 돌아오기를 기다렸다.

날이 저물자 어떤 서생이 나타나 남문의 빗장을 열었다. 영채신은 황급히 달려가 그에게 인사를 하면서 이곳에 머물고 싶다는 의사를 전했다.

"이곳은 주인이 없는 절입니다. 저 역시 여행하던 중 임시로 머물고 있는 처지니까요. 이렇게 황량하고 썰렁한 절집이라도 계시겠다면 저 또한 가까이 뵈면서 가르침을 청할 수 있을 테니 제게도 잘된 일이지요."

영채신은 서생의 말을 듣고 매우 기뻐하면서 짚을 깔아 침대로 삼고 판자를 엮어 책상을 만들면서 이곳에 장기간 머무를 작정을 했다.

그날 밤은 달이 무척 밝았다. 맑은 달빛이 물처럼 흐르는 가운데 두 사람은 불전의 낭하에 무릎을 마주하고 앉아 통성명을 했다. 서생은 자기를 일러

"연씨 성에 자는 적하."

라고 소개했다. 영채신은 그가 시험을 치러 온 수재가 아닌가 추측했지만 말투를 들어보니 절강 사람의 말씨와는 전혀 달랐다. 고향이 어디냐고 물었더니

"저는 섬서 사람입니다."

라고 대답하였다. 서생의 말투는 더없이 소박하고 성실했다. 이윽고 두 사람 모두 더 이상 할 말이 없게 되자 서로 인사한 다음 각자 잠자리에 들었다.

영채신은 잠자리가 낯설어 오래도록 뒤척이면서 잠을 이루지 못했다. 그런데 처소의 북쪽으로부터 마치 인가라도 있는 것처럼 희미하게 웅얼거리는 소리가 들려왔다. 그는 몸을 일으켜 북쪽으로 난 돌로 된 창문 아래로 간 다음 살그머니 바깥을 넘겨다보았다. 그러자 나지막한 담장 너머로 작은 집 한 채가 보이면서 마흔 살이 좀 넘은 듯한 부인 한 사람도 눈에 들어왔다. 또 색깔이 바랜 붉은 옷을 입고 커다란 은비녀를 꽂은 할미도 한 사람 있었는데 구부정하게 허리를 굽힌 채 달빛 아래에서 부인과 이야기를 나누고 있었다.

"소천이가 왜 이렇게 오래 나타나지 않을까요?"

부인의 푸념에 할미가 응수했다.

"올 때가 거의 되었어."

"할머님께 무슨 원망하는 말이나 하지 않았어요?"

"그런 소리는 못 들었어. 그러나 기분은 별로 좋아 보이지 않더구나."

"이 계집애에게 너무 끌려가면 안 되겠어요."

그 말이 채 끝나기도 전에 열일곱여덟 살 가량의 아가씨가 한

명 걸어왔는데 세상에 둘도 없는 절세미인이었다. 할미가 웃으면서 말했다.

"본인이 없는 데서 그 사람을 말하는 게 아니라더니. 우리 두 사람이 마침 너에 대해 얘기하던 참인데, 우리 귀여운 애기씨가 소리도 없이 살그머니 왔구먼. 다행히 네 욕을 안했으니 망정이지."

이어서 할미는 또 이렇게 여자를 추켜세웠다.

"애기씨는 정말 그림 같은 미인이야. 만약 내가 남자래도 애기씨 때문에 혼이 나갔을걸."

그 말에 여자가 볼멘소리로 대꾸했다.

"할머님, 그만 추켜올리세요. 누가 저 같은 사람을 좋다고나 한대요?"

부인과 여자가 또 무슨 말을 하는 것 같았지만 들리지는 않았다. 영채신은 그들이 이웃집 사람들인 줄 알고 잠자리에 들면서 더 이상 엿듣는 일을 그만두었다.

이야기의 시작하는 부분이다. 남주인공 영채신이 일로 집을 떠나 여행하다가 절에 묵게 되면서 이야기가 시작된다.

영채신은 고요하고도 그윽한 절의 정경이 마음에 들었고 여기서 한 사람을 만난다. 물처럼 흐르는 달빛 아래, 연적하와 영채신이 통성명하고 첫인사를 나눈다.

채신은 잠 못 이루고 있다가 밖에서 들리는 말소리를 듣게 된다. 넘겨다보니 할머니, 마흔 무렵의 부인, 열일곱여덟 정도의 아가씨, 이렇게 세 사람이 이야기를 나누고 있었다.

다시 얼마간 시간이 흐르자 사방은 조용해지고 아무 소리도 들려오지 않았다. 그가 막 잠이 들려는 순간 누군가 방안에 들어오는 기척이 느껴졌다. 황급히 일어나 자세히 살펴보니 바로 북쪽 집에 있던 그 여자였다. 영채신이 당황하면서 무슨 짓이냐고 묻자, 여자가 웃으면서 응수했다.

"달빛이 너무 좋아서 잠을 이루지 못하겠어요. 당신과 함께 사랑을 나누고 싶네요."

그 말에 영채신은 정색을 하면서 꾸짖었다.

"남들의 입길에 오르고 싶소? 나 또한 다른 이의 한가한 말을 두려워 하는 사람이오. 자칫 한번 실수로 염치와 도리를 모두 잃어 버리고 싶은 거요?"

"한밤중인데 누가 알겠어요?"

영채신은 다시 그녀를 꾸짖었다. 여자는 어쩔 줄을 모르면서도 뭔가 할 말이 있는 듯하였다. 영채신이 소리를 지르며,

"어서 가시오. 그러지 않으면 고함을 질러 남쪽 방의 선비를 깨우겠소."

라고 위협하자 여자는 겁에 질려 그제야 물러갔다. 하지만 방문 밖으로 나갔다가 금방 되돌아오더니 황금 한 덩어리를 이불 위에 올려놓는 것이었다. 영채신은 금덩이를 주워 정원 층계로 내던지며 말했다.

"의롭지 않은 재물로 내 호주머니를 더럽히려 들다니."

여자는 부끄러워하면서 밖으로 나가더니 황금을 주워 들고 혼잣말을 했다.

"이 남자 심장은 쇠나 돌로 만들어졌나 봐."

참으로 겁 없고 대책없는 소천. 처음 만남에서부터 유혹이라니. 섭소천이 일방적으로 영채신을 유혹하고 있다. 그녀는 감미로운 말과 성(性), 황금처럼 사람이 좋아하는 것들을 동원하여 유혹한다. 하지만 우리의 바른 사내, 영채신은 꿈쩍도 하지 않는다. 그러나 아직 그녀의 정체, 즉 귀신인 줄은 모른다. 이들만의 문제인가? 실제 우리 만남도 때로는 모르는데 이미 만남이 시작되지 않는가?

> 이튿날 아침 시험에 참가하려던 난계현 출신의 서생이 하인 한 명을 데리고 와 동쪽 승방에 묵었다가 한밤중에 갑자기 죽어버렸다. 죽은 사람은 발바닥 한가운데 송곳으로 찌른 듯한 작은 구멍이 나 있었는데 거기서 피가 가늘게 흘러나오고 있었다. 모두들 그가 왜 죽었는지 이유를 알 수 없었다. 그날 밤이 지나자 하인도 죽었는데 증상이 그 주인과 똑같았다.
> 어둑해질 무렵 연생이 돌아왔기에 영채신이 그 일에 대해 물었더니 그는 귀신에 홀렸기 때문이라고 대답했다. 영채신은 평소 성격이 굳세고 올곧았기 때문에 연생의 말을 마음에 담아두지 않았다.

다른 사람들의 죽음이 이어지면서 석연치 않은 분위기가 고조된다. 그러나 죽음의 원인은 확실하지 않다. 연생은 이들이 귀신에게 홀려 죽었다고 하지만 이 말을 채신은 믿지 않는다.

> 한밤중이 되자 여자가 다시 영채신을 찾아와 말했다.
> "저는 여러 사람을 겪어보았으나 당신만큼 심지가 굳은 이는 본 적이 없습니다. 당신은 정말 성현처럼 인품이 훌륭하시기

때문에 제가 감히 속이거나 유혹할 수가 없군요. 저의 이름은 소천이고 성은 섭씨입니다. 열여덟 살로 요절하는 바람에 이 절 근처에 매장되었는데 요물의 협박 때문에 이런 더러운 일을 하게 되었지요. 낯가죽을 두껍게 하고 사람을 유인하지만, 이는 실로 제가 원해서 하는 일이 아닙니다. 이제는 절 안에 죽일 만한 사람이 없으므로 야차가 와서 당신을 죽일 것입니다."

영채신이 그 말에 매우 놀라면서 살아날 수 있는 방법을 가르쳐달라고 부탁하자 소천이 말했다.

"연생과 한방을 쓰면 재앙을 면할 수 있을 것입니다."

"어째서 연생은 유혹하지 않는 거요?"

"그는 보통 사람이 아니라서 감히 접근할 수 없답니다."

"어떤 방법으로 사람을 홀리시오?"

"저를 희롱하고 관계를 갖는 사람에게는 제가 몰래 송곳으로 발바닥을 찌릅니다. 그의 정신이 혼미해져 인사불성이 되면 그 틈에 피를 뽑아 요괴들에게 먹도록 하지요. 때론 황금으로 유혹하는데 사실은 금덩이가 아니고 나찰 귀신의 뼈다귀여서 누구든지 그걸 갖게 되면 뼈다귀가 그 사람의 심장과 간을 도려낸답니다. 이 두 가지는 목표로 삼은 사람의 기호에 따라 그때그때 적당한 것으로 골라 사용하지요."

영채신이 뜻밖의 호의에 고마워하며 야차가 찾아올 때를 물었더니 내일 밤이라는 대답이었다. 떠날 때 그녀는 눈물을 흘리면서 말했다.

"저는 죄악의 나락에 떨어진 이래 줄곧 구원받고 싶었지만 그럴 수가 없었습니다. 당신의 의협심은 하늘을 찌르니 저를 살길로 이끌어 고해에서 구해 주실 수 있을 거예요. 만약 당신이 저

의 뼈를 거둬다 조용한 곳에 묻어 주신다면, 그 은혜는 제게 새 생명을 주시는 것과 다름없습니다."

영채신은 흔쾌히 허락하고 여자가 묻힌 곳을 물었다.

"무덤 곁에 백양나무가 있는데, 그 위에 까마귀가 둥지를 틀고 있다는 것만 기억하시면 됩니다."

그녀는 문밖으로 나가더니 눈 깜짝할 사이에 연기처럼 사라지고 말았다.

바야흐로 채신과 소천 사이에 소통이 이루어지기 시작한다. 채신의 결연한 의지와 행동에 감동한 소천이 자신의 정체를 털어놓는다. 사람을 유혹하여 죽이는 일을 하지만 요괴의 협박 때문에 어쩔 수 없이 하는 것이지 원해서 하는 일이 아니라고 밝힌다.

두 사람 사이에 말이 오가고 점점 마음을 주고 받는 대화가 시작된다. 소천은 채신을 걱정하면서 앞으로 닥칠 위험을 경고한다. 이에 채신은 피할 방법을 알려 달라고 부탁하고 소천은 알려 준다. 이에 채신이 감사하자 소천은 자신을 구해 달라고 요청한다. 서로의 마음이 담긴 말을 주고 받으면서 꼬리에 꼬리를 물면서 소통이 이루어진다. 소통은 점진적인 것?

아, 작은 것이긴 하지만 눈길 가는 게 있다. 소천은 밖에 나가자 순식간에 사라졌다. 기억하는가?『금오신화』의「이생규장전」에서 귀신이었던 최랑은 서서히 사라졌다. 이런 차이는 사소해 보여도 미적 분위기의 차이를 만들어 낸다. 순식간에 사라지는 소천의 증발은 엽기 귀신에 어울리는 사라짐이 아닐까?

다음날 영채신은 연생이 다른 곳으로 나갈까 봐 새벽부터 쫓아가서 식사에 초대했다. 아침나절부터 술과 음식을 대접하고 조심스럽게 연생의 기색을 살펴가며 하룻밤 같이 지내주길 부탁했지만, 그는 조용한 것을 좋아하는 성격을 구실로 거절했다. 영채신은 그 말을 못 들은 체하면서 억지로 자기의 침구를 날라 그의 방으로 옮겼다. 연생은 하는 수 없이 잠자리를 옮겨 주면서 그에게 당부했다.

"저는 당신이 대장부임을 알고 그 인품을 매우 흠모해 왔습니다. 저에게 작은 걱정거리가 있는데 갑자기 말씀드리기는 어렵군요. 다만 보자기로 싼 상자를 몰래 열지만 마십시오. 만약 제 말을 듣지 않으면 우리 두 사람 모두에게 좋지 않을 것입니다."

영채신은 공손하게 그 말을 받아들였다. 이윽고 두 사람은 각자 잠자리에 들었고 연생은 상자를 창틀 위에 올려두었다.

얼마 후 연생이 코고는 소리가 천둥처럼 울려왔다. 하지만 영채신은 잠이 오지 않아 이리저리 뒤척일 따름이었다. 일경(一更) 남짓 되었을 즈음, 창문 밖으로 희미하게 사람 그림자가 비쳤다. 잠시 후 그 시커먼 그림자는 창문 쪽으로 다가와 방안을 기웃거렸는데 그의 두 눈에서는 불꽃이 이글거렸다. 영채신이 공포에 떨면서 연생을 깨우려는 순간, 갑자기 어떤 물건이 흰 비단처럼 빛을 사방으로 뿌리면서 상자를 뚫고 날아갔다. 빛살은 창문의 돌 창살을 베어 버리고 맹렬하게 앞으로 뻗어나갔다가 곧바로 되돌아와 상자 속으로 번갯불처럼 들어가 버렸다.

연생이 잠자리에서 일어났지만 영채신은 짐짓 잠든 척 가장하고 몰래 그를 지켜보았다. 상자를 받들고 점검하던 연생은 안에서 어떤 물건을 꺼내 달빛에 비추며 냄새도 맡아 보고 이리저리 둘러보기도 하였다. 물건에서는 해맑은 흰 빛이 형형히 뻗쳐 나왔는데 길이는 두 치쯤 되고 지름이 부추 잎사귀만 하였다. 이윽고 연생은 그것을 몇 겹으로 단단히 싸더니 원래대로 부서진 상자 안에 집어넣었다. 그러면서 혼잣말로 중얼거렸다.

"어떻게 된 늙은 요물이기에 이다지도 대담할까? 여기까지 침입하여 내 상자를 다 부숴뜨리다니."

그는 다시 자리에 누워 잠을 청했다. 영채신은 너무나 놀랍고 신기하여 몸을 일으킨 뒤 연생에게 무슨 일인지를 물었다. 아울러 그 광경을 모두 보았다고 고백하니 연생은 이렇게 말했다.

"우리 두 사람은 이미 친구가 되었으니 무엇을 더 숨기겠습니까? 나는 검객입니다. 방금도 창문의 돌 창살만 아니었다면 요물은 반드시 그 자리에서 죽었을 겁니다. 비록 죽이지는 못했지만 상처는 입혔어요."

"상자 안에 든 것은 무엇입니까?"

"칼입니다. 방금 전 냄새를 맡아보니 요기가 묻어나더군요."

영채신이 한번 보고 싶다고 했더니 그는 흔쾌히 물건을 꺼냈는데 원래는 날이 새파랗게 선 조그만 칼이었다. 이로 말미암아 영채신은 연생을 더욱 미더워하게 되었다.

인정사정 없는 야차가 영채신을 죽이려고 공격한다. 신기하게도 연생의 물건이 야차의 공격을 막았다. 인간이 막는 게 아니라 물건이 막은 점이 흥미로운데 이는 '물건에 힘이 있다'고 믿었던 신화적 관념을 반영한다. 현대에도 사물이 신성하다며 믿는 경우가 있지 않은가.

야차의 공격이 실패로 돌아가고 두 사람이 잠에서 깨어 그간의 상황을 점검한다. 자신이 검객임을 밝힌 연생은 칼이 야차를 공격

했고 야차는 상처를 입었다고 한다. 이 말에서 칼이 귀신을 쫓을 수 있다는 생각이 동아시아에서 광범위하게 믿어졌음을 알 수 있다. 아, 기억하는가? 4장에서 안공이란 사람이 복숭아나무칼을 만들어 귀신들린 자를 벌주는 흉내를 내면서 축귀하려던 일이 있었다.

> 다음날 창문 바깥쪽을 살펴보니, 땅에는 핏자국이 그대로 남아 있었다. 영채신이 절의 북쪽으로 나가자 보이는 것이라곤 총총히 겹쳐 있는 황량한 무덤들뿐이었다. 그곳에는 과연 꼭대기에 새들이 둥지를 튼 백양나무가 한 그루 있었다.
> 영채신은 볼일을 다 마치자 행장을 꾸리며 집으로 돌아갈 채비를 서둘렀다. 연생은 술상을 차려 영채신을 대접하면서 이별을 아쉬워했고, 또 찢어진 가죽 주머니를 선물로 주며 말했다.
> "이것은 칼을 담았던 자루입니다. 잘 보관하면 악귀나 귀신을 물리칠 수 있지요."
> 영채신이 그에게 검술을 배우고 싶다고 했더니 연생은 이런 말로 거절했다.
> "당신처럼 신의가 있고 강직한 사람은 검술을 배우셔도 되지요. 그러나 당신은 부귀영화를 누릴 분이지 우리와 같은 일에 종사할 부류는 아닙니다."
> 이리하여 영채신은 누이동생을 이 땅에 매장했다고 둘러대고 무덤에서 여자의 유골을 파내 옷과 보자기로 잘 싸서 묶은 다음 배를 빌려 타고 고향으로 돌아갔다.

영채신이 돌아갈 때가 되어 연생과 이별한다. 연생은 가죽주머니를 이별의 선물을 준다. 가죽 주머니는 칼을 담았던 것으로 악귀를 쫓을 수 있는 능력을 가진 물건으로 이야기된다. 공감주술의 원리에 따르면 접촉했던 물건은 서로 그 힘을 나누어 갖는다.

영채신은 소천과의 약속을 어기지 않고 유골을 파서는 그곳에 묻지 않고 고향으로 가지고 돌아간다. 뼈는 소천의 정체, 그 근본을 뜻한다. 오래 전부터 뼈는 근본이라는 인식이 있지 않았던가. 소천의 뼈를 자신의 고향까지 가지고 왔으니 앞으로 채신과 소천의 관계가 어떻게 전개될지 예상된다.

> 영채신의 서재는 들판을 마주 보고 있었다. 그는 서재 밖의 들판에 봉분을 만들어 섭소천의 유골을 장사 지낸 뒤 제사를 지내며 축원했다.
>
> "그대의 외로운 처지가 가여워 내 협소한 거처 부근에 장사 지냈소. 노랫소리나 울음소리가 서로 들릴 만큼 가까운 거리라오. 바라건대 다시는 흉악한 귀신에게 능욕당하지 마시오. 한 잔 박주만 올릴 뿐 맛있는 음식은 차리지 못했지만, 이를 탓하지는 말기 바라오."
>
> 그는 기도를 마치고 몸을 돌려 집으로 향했다. 그때 갑자기 뒤편에서 누군가 소리를 질렀다.
>
> **"잠깐만요. 저랑 같이 가요!"**
>
> 돌아보니 소천이었다. 그녀는 기쁨에 겨워 감사의 마음을 나타내며 말했다.
>
> "당신의 신의는 제가 당신을 위해 열 번 죽어도 그 은혜를 다 갚지 못할 것입니다. 청컨대 당신과 함께 돌아가는 것을 허락해주세요. 부모님을 뵙고 나서 당신의 첩이 될 수만 있다면 아무런 여한이 없겠어요."

영채신은 그녀를 자세히 훑어보았다. 흰 살결에는 발그레한 홍조가 노을처럼 빛나고 있었고 발은 흡사 죽순처럼 뾰족하고 가늘었다. 환한 대낮에 보니까 더욱 아름다운 미인이었으므로 영채신은 그녀를 데리고 일단 서재로 돌아왔다.

귀신인 소천은 사람처럼 행동하기 시작한다. 자신의 장례를 치르고 제사까지 지내준 연생의 믿음과 의리에 감동하여 첩이 되겠다고 한다. 귀신이 사람과 같이 살겠다니! 이승과 저승의 경계를 허물어 존재하지 않는가. 경계를 허물 수 있을 정도의 원동력은 자신의 존재를 인정해 준 상대에 대한 사랑이다.

소천은 환한 대낮에 더 아름다운 미인으로 보였다. 이 귀신은 전통적인 귀신이 아니다. 소천의 이승 지향적 성향이 드러난다.

그는 소천에게 잠시 앉아서 기다려 달라 당부하고는 우선 안으로 들어가 어머니에게 이야기를 전했다. 그의 어머니는 아들의 말에 대경실색하지 않을 수 없었다. 그 당시 영채신의 처는 오랫동안 병석에 누워 있는 중이었으므로 어머니는 이 일을 처에게 이야기하여 그녀를 놀라게 하지 말라고 주의를 주었다. **그들이 대화를 나누는 사이 소천은 벌써 사뿐히 방안에 들어와 날아갈 듯 절을 올리고 있었다.** 영채신이 말했다.

"이 사람이 소천입니다."

어머니는 놀라 허둥지둥하며 어찌해야 좋을지를 모르는데 소천이 먼저 입을 열었다.

"저는 홀몸으로 떠도는 처지로서 부모형제와도 멀리 떨어져 있습니다만, 요행히 공자의 보살핌을 입어 그 은혜가 제 온몸에 미쳤습니다. 원컨대 그 분의 시중을 들면서 하늘 같은 은혜에 보답하고 싶습니다."

어머니는 그녀의 부드럽고 사랑스러운 모습을 보더니 비로소 말문을 떼었다.

"아가씨가 그토록 내 아들을 생각해 주니 나야 기쁘기 그지 없구려. 하지만 내 한평생 아들이라곤 다만 이 애 하나뿐인데 대를 이어야 할 아이에게 귀신과 결혼하라고 할 수는 없소."

그러자 소천이 얼른 말을 받았다.

"저는 정말로 딴 마음은 없어요. **제가 저승 사람이라 어머님께서 믿지 못하시겠다면 오라버니로 섬기는 것을 어떠할지요?** 어머님 곁에서 아침 저녁으로 시중을 드는 것이야 괜찮지 않겠습니까?"

놀라운 일이 일어나고 있다. 채신이 어머니에게 그간의 사정을 말씀드리는 중에 소천이 들어온다. 정말 제멋대로다. 윗사람인 영채신의 어머니가 부르지도 않았는데 들어와 인사 하고, 말도 먼저 꺼낸다. 어머니가 탐탁해하지 않자 다른 일을 하겠다고 몸을 낮추는 것도 그녀만의 생존 전략인 셈이다. 소천은 자신의 욕망을 숨기지 않는다. 어머니의 마음을 사기 위해 일종의 협상을 시도한다. 채신 옆에서 지내기 위해서는 어머니의 마음을 사야 하는 것이다. 그래서 어머니의 시중을 들겠다고 자청한다.

이 작품에는 귀신과 인간이 소통을 추구하는 플롯에 흥미 요소가 부각되어 있다. 사랑받으려는 소천은 발칙하면서도 밉지 않다. 작가는 귀신에 인간의 성격과 개성을 부여해 '귀여운 여인' 형의 캐릭터를 만들었다.

이후 이야기는 다음과 같다. 영채신의 처가 죽은 후, 소천은 그의 처가 되며 아들도 둘이나 낳는다. 한 때 금화의 요물이 소천을 찾아와 공격하기는 하지만 연생이 주었던 가죽주머니의 힘으로 큰 문제가 생기지는 않는다. 영채신은 이후 과거에 급제하고 진사가 된다. 결혼 생활은 한 번의 위기를 제외하고는 순탄하다.

인간과 귀신이 처음에는 서로 호의적이지 않았지만 이해하는 과정을 거치면서 점차 소통하기에 이른다. 귀신은 초자연적 신성보다 인간적 욕망을 가진 존재로 그려지면서 신성은 거의 드러나지 않는다. 귀신의 인성이 점점 강해지면서 귀신은 인간과 같은 내면을 갖는다. 작품「섭소천」은 귀신이 인간을 만나면서 천천히 소통의 물꼬를 트고 자연스럽게 인간이 되어가는 행복한 이야기이다.

3. 악한 영혼, 그렌델

영어 문화권의 귀신은 어떨까? 한반도 문화권의 귀신 개념에 꼭 일치하는 존재는 없으나 대응하는 존재는 찾을 수 있다. 일반적으로 귀신은 유령(ghost)로 이해되고 있지만 우리 문화권에서 귀신이 여러 유형을 지녔던 것처럼 영어 문화권에도 여러 유형의 악한 존재가 있다. 여러 악한 존재 중에 전통적 캐릭터로서 그렌델(Grendel)을 소개해 볼까 한다.

그렌델은 지하에 사는 악한 영혼이다. 이 유서 깊은 그렌델은 최근 디지털 세계의 캐릭터로 부활되었다. 블리자드사의 온라인 게임, 월드 오브 워크래프트(World of Warcraft)에도 그렌델 캐릭터가 등장한다. 켈트족의 대명사인 드루이드가 사는 지역에서 신나게 왔다갔다 하는 그렌델은 상당히 귀엽지만 고전적인 모습은 결코 그렇지 않다.

고전적인 모습의 그렌델은 8세기 무렵에 쓰여진, 앵글로 색슨 문화의 가장 위대한 영웅 서사시라고 평가받는 「베오울프(Beowulf)」에 등장한다. 이 작품은 악한 영혼인 그렌델과 용감한 기사 베오울프의 대결이 작품의 중요한 사건을 이룬다. 그렌델은 영어 문화권의 전통에서 주요한 캐릭터로서 악한 영혼이라는 우리 동아시아의 귀신 개념과 통하는 바가 있다. 「베오울프」에서 그렌델은 강한 인상을 준다.

덴마크 스킬드가의 왕, 호로스가르는 헤오로트 저택을 짓고 사람들이 찾아오도록 한다. 백작들이 충성을 맹세하기 위해 찾아오고 음유시인들은 왕가의 후함을 보고 노래하기 위해 찾아온다. 저녁마다 왕과 왕비는 나란히 앉아 반지와 재물 등의 선물을 사람들에게 나눠주고 즐거운 연회를 베풀었다. 그러나 인간들의 흥겨운 저녁을 질투하는 존재가 있었으니 바로 그렌델이다. 질투하는 그렌델이 어떻게 행동하는지 작품을 살펴보자.

밤이 되자 그렌델은 쇠사슬 갑옷을 걸친 덴마크인들이 주연이 끝난 후 어떻게 지내는가를 살피기 위해 그 높이 솟은 홀을 찾아 나섰노라. 그 안에는 향연이 끝난 후 일단의 고귀한 용사들이 슬픔이나 인간에 닥칠 불행을 알지 못한 채 잠들어 있었노라. **무자비한 탐욕으로 가득 찬 사악한 짐승, 사납고 광포한 그는 즉각 공격 자세를 취하여 잠들어 있던 서른 명의 용사들을 사로잡았노라.** 그런 후 그는 **전리품을 으스대며 노획한 시체를 짊어지고 거처를 찾아** 집으로 되돌아 갔노라. 새벽이 밝아오자 그렌델의 전투력은 사람들에게 알려졌노라. 그리하여 연회가 끝난 다음날 거대한 아침의 통곡 소리가 하늘 높이 울려 퍼졌노라.

명성이 자자하며 누구보다 뛰어난 그 강대한 군주는 상심한 채 앉아 지극한 고통을 감당했으며 사람들이 그 **극악한 괴물의 발자취**를 발견했을 때 그의 용사들의 죽음을 슬퍼하셨노라. 그 고통은 너무나 가혹했으며 혐오스럽도록 오래 지속되었노라. 얼마 지나지 않은 바로 다음날 밤 그렌델은 또다시 **더욱 흉악한 살인 행위와 악의에 찬 폭행**을 자행하였으나 **이것에 아무런 가책도 느끼지 않았으니 이는 그가 그러한 행위에 너무 몰두해 있었기 때문이었노라.**

향연장을 차지한 용사(그렌델)의 증오가 확실한 증거로 명백히 알려지게 되자 홀에서 떨어진 다른 외딴 곳이나 딴채 건물에 잠자리를 두는 자를 찾는 것은 어려운 일이 아니었노라. 이와 같이 그렌델은 정의에 대항하여 혼자 힘으로 모든 이들을 맞서 그곳을 통치했으며 그리하여 마침내 그 최상의 홀은 텅 비게 되었노라. **이러한 상태는 열두 해 동안 오래 지속되었으며** 덴마크 백성의 친구이자 군주인 흐로드가르 왕은 온갖 고통과 지극한 슬픔을 겪게 되었노라. 그리하여 그렌델에 꽤 오랫동안 흐로드가르에 대항하여 증오와 악의에 찬 끊임없는 싸움을 이끌어갔다는 사실이 구슬픈 노래로 읊어져 인간의 자손들 사이에서 널리 알려지게 되었노라.

그렌델은 덴마크군의 어느 누구와도 평화를 원치 않았고 그 살상적인 난동을 그치려 들지도 않았으며 또한 화해를 위한 피값을 제공하려 하지도 않았노라. 그리고 궁궐의 어떤 현인도 그 살인자의 손아귀에서 그럴싸한 보상금을 기대할 필요가 없었노라.

그렌델은 지하에 사는 악한 영혼, 지옥의 악마로 다른 사람들의 행복과 즐거움을 시기하며 분노에 젖는다. 신을 무서워하지만 결코 복종하지 않으며 틈이 나면 파괴적 행동을 일삼는다. 이 작품에서 그렌델은 기독교 세계관의 영향 아래, 악한 영혼의 전형을 보여준다. 빛을 싫어하며 신, 즉 최고 권위자의 눈을 피해 파괴적 행위를 일삼는다. 악성이 아주 강하며 타협은 불가능하고 쫓아내야만 하는 존재이다. 예문에서 보다시피, 그렌델과는 화해가 불가능하다. 살인을 하면서 난동을 피우는 것에 집중하기 때문에 평화를 기대하기 어려운 것으로 그려진다.

그렌델에게 붙여진 수식어를 살펴보면 비참함과 함께 무지막지한 악한 기운을 느끼게 된다. 악명 높은 변방의 유랑자, 비참한 짐승, 동생 아벨을 죽인 형 카인과 한통속, 무자비한 탐욕으로 가득 찬 사악한 짐승 등으로 표현되었다. 그렌델의 성격은 대략 두 가지, 탐욕과 무자비함이 대표적인 것으로 상상되었다. 또 이들은 인간이라기보다는 동물에 가깝다. 인간성과 동물성을 모두 가지고 있으며 그 중에서도 대표적으로 나쁜 속성만을 골라 가졌다. 그리고 이것은 악한 영혼의 표본이 되었다.

4. 마무리

긴 시간의 여행을 같이 했다. 축하할 만한 기분 좋은 일이다. 끝날 무렵이 되었으니 정리를 해보자. 정리란 짧을수록 머릿속에 잘 남으므로 담백하게 정리하겠다. 자세한 건 본문을 뒤적여 보시기를.

귀신서사 속의 귀신

귀신서사에 나타난 귀신을 간략히 말하자면 세계에 대한, **인간 무의식적 트라우마와 상상의 결합물**이다. 그래서 귀신은 인간의 트라우마를 담고 있으며 인간의 시선에 의해 상상되었다. 귀신이 독립적으로 존재하는 실체인가 아닌가의 문제와 별개로 인간은 귀신을 제작하여 왔다. 그렇기 때문에 귀신의 모습에는 인간의 모습이 담길 수밖에 없다.

트라우마는 무의식 기제이므로 어느 순간에, 어떻게 표출되느냐는 사회적 맥락과 역사적 환경, 사람들의 정서에 따라 달라진다.

상상의 역할

신화와 구전 서사, 고대 설화 같은 **문명 초기의 서사**에서 자신의 힘으로는 제어할 수 없는, 실재 세계의 힘을 **어떻게든 설명해 보려고 애쓴 흔적**을 볼 수 있다. 우리가 피식 웃어 넘기는 신화의 엉뚱한 해석, 사물이 어떻게 생겼는지를 말해 주는 기원담, 고대 설화 등은 문명초기 인간의 자아가 바지런히 상상을 기울인 결과물이다.

인간의 정신 영역에서 '자아(ego)'가 하는 일은 파편적인 사실들을 일관된 것으로 설명하고 통합하는 일이다. 설명과 통합의 과정에서 **상상**이 주요한 역할을 하게 된다. 인간은 세계에 대해 한편으로는 관찰하고 한편으로는 상상하되 **파괴적이고 부정적 영역에 귀신을 대입**시켰다.

귀신이 통시적으로 다르다는 사실은, 귀신이 예나 지금이나 변하지 않은 실체로서 존재했다는 사실을 증명한다기보다는 인간이 사회와 역사적 환경에 따라 귀신을 이러저러하게 상상했음을 말해 준다.

한반도 귀신의 유형

시간의 흐름에 따라 귀신서사에 나타난 귀신을 탐색해 본 결과, 한반도의 귀신은 크게 여섯 유형, 곧 **자연귀(自然鬼), 영혼, 악신, 사물귀(事物鬼), 트라우마를 지닌 영혼, 물괴(物怪)**로 분류할 수 있었다.

문명 초기, 귀신은 인간 외부에 존재했다. 그러나 시간의 흐름과 함께 점차 인격성, 인간적 속성이 강해지면서 귀신은 **신성과 인성을 동시에 소유**하는 것으로 인식되었다. 인성이 강한 귀신은 결코 혼자 자신의 문제를 해결하지 못한다. 이것은 타인을 기반으로 해서만 나의 존재감을 얻는, 인간의 조건이 반영된 서사논리이다. 우리는 타인이 나를 '그래요, □□□가 당신이오.'라고 인식하고 인정해 줄 때 존재감을 얻게 되는데 이 조건은 귀신에게도 적용된다. 인간이 귀신의 요구를 들어줄 때 귀신은 비로소 자신이 원하는 존재가 된다. 라캉주의 방식으로 말하면 상대의 인정을 통해 상징계(the simbolic)의 기표(signifier)를 얻는 과정이다.

귀신서사의 주제

귀신서사의 주제는 파괴, 사랑, 감사, 보호, 트라우마 등으로 다양하다. 이 주제들에 따라 인간이 느끼는 정서도 두려움, 불안, 이해, 측은함, 사랑, 거리 유지, 상대 이용의 시선 등 스펙트럼이 넓다. 특히 귀신이 인성을 갖추게 되면서는 주제가 더욱 다양해졌다.

겉으로 보이는 현상적 주제와 달리 **내적인 주제**는 '트라우마'의 주제로 압축할 수 있다. 세계에 대한 인간의 트라우마는 자연발생적이며 이와 관련해서 서사에서는 여러 방법이 창작되었다. 이 방법에 따라 작품의 주제에 대한 변이가 생긴다. 예를 들어 작품마다 트라우마와 캐릭터의 관계를 설정하는 방식이 다르다. 트라우마의 치유, 트라우마를 드러내는 것, 복수 등으로 나타난다. 이 차이는 트라우마를 수용하는 인간의 정서와 의지에 따른 것이다.

귀신서사의 고유한 특징

서사로서 귀신 이야기는 **신성과 인성을 둘 다 활용**할 수 있는 영역, 공존할 수 없는 특징이 공존하는, 독특한 영역을 형성한다. 이 양면성 때문에 귀신은 어느 존재와도 같지 않은 존재가 된다. 인간의 내면을 지닌 귀신은 인간도 신도 아니다. 외연은 초월적이고 신적인 특성을 가지면서도 내면은 인간과 다를 바 없다. 이러한 고유한 특징 때문에 귀신 이야기는 서사적 가치를 갖게 되고 영화나 픽션 등의 현대물로 계속 제작된다. 앞으로도 사라지지 않을 것이다. 앞서도 말했듯이, 인간의 트라우마가 지속되고, 또 **치유법을 모르는 한** 멈추는 일 없이.

같으면서도 같지 않은 다른 문화권의 귀신

문화권마다 귀신의 속성이 같지 않은데 이는 문화권마다 **정서가 다르기 때문**이다. 참으로 연구거리가 아닐 수 없다. 아직 일반화할 수는 없으나 한반도 중심의 문화권의 귀신은 일본의 모노노케와 달리 상대에게 복수를 한다기보다는 나타났다가 자신의 존재를 알리고는 서늘히 사라지는 형이 많은 편이다. 중국에서는 「섭소천」처럼 귀신의 인성을 중심으로 한 문학적 전통이 오래 전부터 있었다. 영어 문화권의 「베오울프」에서 그렌델의 형상으로부터 기독교 문화를 배경으로 대립성이 분명한, 악한 영혼을 확인할 수 있었다. 그렌델은 인간 외부적 존재로서 인간에게 적대적이다.

이상과 같은 차이에도 불구하고 세 존재는 모두 악성(惡性)을 가지고 있으며 궁극적으로 트라우마의 생채기를 — 크건 작건 비중은 차이가 있지만 — 담고 있다. 문화권의 동질성과 차이에 대해서는 여러 해석이 가능하고 연구되어야 할 부분이 많아서 현재 수준에서 어떻다고 단언하기 어렵다.

여행의 끝에서

인간, 귀신, 세계 등에 대한 원초적 질문을 탐색해온 **우리의 여행을 여기서 마친다.** 한결 여유로워졌기를. 여전히 귀신이 무섭다면 이렇게 해보자. 일단 포근한 음악을 들으면서 커피 한잔 마시고 곰곰 생각해 보자. 무엇을? 가려 두었던 마음의 상처를. 가리고 싶었던 트라우마를. 드러나지 않았던 나의 과거를.

떠올렸다고? 그 다음엔 귀신을 만났던 인간들이 어떻게 했는지 생각해 보라. 다양한 반응이 있었다. 어떤 유형을 택하겠는가? 트라우마와 소통하고 싶지 않은가? 트라우마를 이해하라. 어두운 내면의 대륙에 빛을 들이자. 빛을!

끝까지 같이 여행해준 친구들에게 고마움을 전한다. 안녕.

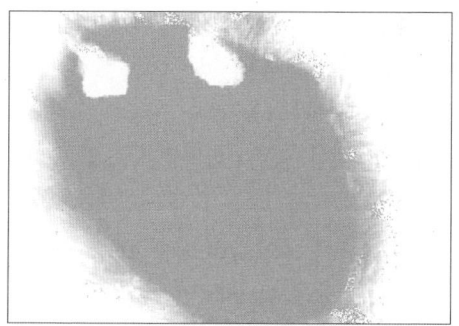

〈그림 16〉 내 책상에 사는 사물귀

이미지 출처

탐색 2장

〈그림 1〉 전 덕산 청동령 일괄, 출처 : 문화재청.
〈그림 2〉 서수형 토기, 국립경주박물관 소장, 출처 : 국립경주박물관.
〈그림 3〉 녹유소조상, 출처 : 국립경주문화재 연구소, 『사천왕사』 도록 23쪽.
〈그림 4〉 동탑지 북면 녹유소조상 출토 상태, 출처 : 국립경주문화재 연구소, 『사천왕사』 도록 32쪽.
〈그림 8〉 백제의 청동 귀면, 국립부여박물관 소장, 출처 : 국립부여박물관.
〈그림 9〉 신라 안압지에서 나온 귀신 얼굴 기와, 국립경주박물관 소장, 출처 : 국립경주박물관.
〈그림 10〉 황룡사 터의 귀신얼굴 기와, 국립경주박물관 소장, 출처 : 국립경주박물관.
〈그림 11〉 귀신 얼굴 문고리, 국립경주박물관 소장, 출처 : 국립경주박물관. 국립경주박물관 사진게재 허가번호 경박 200912-195
〈그림 12〉 귀면 청동로, 국립중앙박물관 소장, 출처 : 『한국민속대사전』.
〈그림 13〉 은입사 귀면문 철퇴, 국립고궁박물관 소장, 출처 : 국립고궁박물관.

탐색 4장

〈그림 14〉 방상씨 탈, 출처 : 문화재청.

현대 한국어 번역에 참고한 문헌

「강도몽유록(江都夢遊錄)」,「원생몽유록(元生夢遊錄)」: 梁彦錫 옮김,『韓國 漢文小說 作品研究』, 國學資料院, 1997.

『겐지 이야기〔源氏物語〕』, 김남주 옮김, 한길사, 2007.

「베오울프」, 이동일 옮김, 문학과 지성사, 1998.

「섭소천(聶小倩)」:『요재지이(聊齋志異)』, 김혜경 옮김, 민음사, 2002.

「이생규장전(李生窺墻傳)」:『금오신화에 쓰노라』, 류수 · 김주철 옮김, 보리, 2004.,『매월당 김시습의 금오신화』, 심경호 옮김, 홍익출판사, 2000.

「최치원(崔致遠)」:『역주 수이전 일문(譯註 殊異傳 逸文)』, 김현양 · 김희경 · 이대형 · 최재우 옮김, 박이정, 1996.

참고문헌

자료

국립경주박물관, 『고고관』, 통천문화사, 2005.

국사편찬위원회, 『中國 正史 朝鮮傳 譯註 一』, 신서원, 1987.

『國譯 高麗史』, 동아대 석당학술원 옮김, 도서출판 민족문화, 2006.

김시습, 『금오신화에 쓰노라』, 류수·김주철 옮김, 보리, 2004.

_____, 『매월당 김시습의 금오신화』, 심경호 옮김, 홍익출판사, 2000.

김안로(金安老), 『용천담적기(龍泉談寂記)』, 『대동야승(大東野乘)』, 민족문화추진회, 1971.

남효온(南孝溫), 「귀신론」, 『추강집(秋江集)』 5권.

무라사키 시키부, 『겐지 이야기〔源氏物語〕』, 김남주 옮김, 한길사, 2007.

「베오울프」, 이동일 옮김, 문학과 지성사, 1998.

성현(成俔), 『용재총화(慵齋叢話)』, 『대동야승(大東野乘)』, 민족문화추진회, 1971.

「심청전」, 『한국고전문학전집』 13집, 고려대학교 민족문화연구소, 1995.

梁彦錫, 『韓國 漢文小說 作品研究』, 國學資料院, 1997.

『譯註 高麗史』 6, 동아대 고전연구실, 동아대출판사, 1971.

『譯註 殊異傳 逸文』, 김현양·김희경·이대형·최재우 옮김, 박이정, 1996.

袁珂, 『中國古代神話』, 1950, 上海 商務印書館 ; 『中國神話傳說』, 전인초·김선자 옮김, 민음사, 1996.

유몽인(柳夢寅), 『어우야담(於于野談)』, 신익철 외 3인 역주, 돌베개, 2006.

이 곡(李穀), 『가정집(稼亭集)』, 민족문화추진회, 2006.
이규보(李奎報), 『동국이상국집(東國李相國集)』, 민족문화추진회, 1980.
이 륙(李陸), 「청파극담(青坡劇談)」, 『대동야승(大東野乘)』, 민족문화
　　추진회, 1971.
이제현(李齊賢), 「역옹패설(櫟翁稗說)」, 『익재집(益齋集)』, 민족문화
　　추진회, 1979.
일 연(一然), 『삼국유사(三國遺事)』, 강인구 외 4인, 이회문화사, 2003.
임 방(任埅), 『천예록(天倪錄)』, 정환국 옮김, 성균관대학교 출판부,
　　2005.
임 제(林悌), 「원생몽유록(元生夢遊錄)」, 朴熙秉 標點·校釋, 『韓國
　　漢文小說 校合句解』, 소명출판, 2005.
「정을선전(鄭乙善傳)」, 『活字本古典小說全集』, 亞細亞文化史, 1976.
정태식 성두원 외 감수, 『한국도안문양사전』, KRPIA 디지털사전, 2001.
조재삼, 「송남잡지(松南雜識)」, 강민구 옮김, 소명출판, 2008.
최 립, 『간이집(簡易集)』, 이상현 역, 민족문화추진회, 1999.
『태조실록』, 세종대왕기념사업회, 1972.
포송령(蒲松齡), 『요재지이(聊齋志異)』, 김혜경 옮김, 민음사, 2002.
『표준국어대사전』, 국립국어원, 두산동아, 1999.
『한국민속대관』 3권, 고려대 민족문화연구소, 1982.
한국민속대사전편찬위원회, 『한국민속대사전』, KRPIA 디지털사전,
　　2001.
『한국세시풍속사전』, 국립민속박물관, 2007.
한국정신문화연구원 어문연구실, 『한국구비문학대계』, 고려원, 1982.

웹사이트
국립경주박물관
국립국어원
국립민속박물관

국립중앙박물관
국사편찬위원회
문화재청
온라인 브리태니커
한국고전번역원

논문

곽진석, 「아랑형 民談의 言述 類型과 目的에 대한 硏究」, 『한국문학이론과 비평』 4집, 한국문학이론과 비평학회, 1999.

김경미, 「15세기 문인들의 '奇異'에 대한 인식」, 『한국고전연구』 5집, 한국고전연구학회, 1999.

金成俊 編, 『鶴山 李仁榮 全集』, 국학자료원, 1998.

김수경, 「처용 탈의 변모 양상에 관한 통시적 고찰」, 『한국민속학』 34집, 한국민속학회, 2001.

김용의, 「한・일 요괴설화 비교연구의 과제」, 『일본어문학』 2집, 한국일본어문학회, 1996.

김정숙, 「조선시대 필기・야담집 속 귀신・요괴담의 변화 양상 -귀신・요괴 형상의 변화와 관심축의 이동을 중심으로-」, 『한자한문교육』 21집, 한국한자한문교육학회, 2008.

朴志炫, 「전통 시기 중국의 귀신 신앙과 귀신 이야기」, 서울대 중문과 박사학위논문, 2004.

박 진, 「공포영화 속의 타자들 : 정신질환과 귀신이 만나는 두 가지 방식」, 『우리어문연구』 5집, 2005.

宋香珍, 「新羅鬼面紋樣에 대한 硏究」, 『慶州史學』 2집, 경주사학회, 1983.

矢野尊義(야노 다카요시・Yano Takayoshi), 「도코쿠(透谷)문학에 있어서의 귀신(鬼神) 개념」, 『日本語文學』 43집, 2008.

梁泰鎭, 「眉叟(許穆)의 遺作에 관한 書誌的 考察」, 『정신문화연구』

50집, 1993.
윤혜신, 「『삼국유사』 소재 설화에 나타난 천신(天神)의 변화 양상」, 『연민학지』 12집, 연민학회, 2005.
_____, 「『어우야담』 소재 귀신담의 귀신과 인간의 교류방식과 특징」, 『민족문학사 연구』 34집, 민족문학사학회, 2007.
_____, 「『於于野談』 소재 鬼神譚의 트라우마(trauma)적 성격」, 『大東文化硏究』 63집, 成均館大學校 大東文化硏究院, 2008.
_____, 「『어우야담』 소재 귀신담의 귀신 욕망과 욕망의 실현 방법」, 『열상고전연구』 29집, 열상고전연구회, 2009.
이광수, 「삼국과 고려의 불교 벽사 의례의 정치학」, 『역사와 경계』 43집, 부산경남사학회, 2002.
李仁榮, 「太平通載殘卷 小考 – 特히 新羅 殊異傳 逸文에 對하야–」, 『진단학보』 12집, 진단학회, 1940.
정지영, 「조선 후기의 첩과 가족 질서 – 가부장제와 여성의 위계」, 『사회와 역사』 65권, 한국사회사학회, 2004.
정출헌, 「15세기 鬼神談論과 幽冥敍事의 관련 양상」, 『東洋漢文學硏究』 26집, 동양한문학회, 2008.
정환국, 「나말여초 전기(傳奇)의 '욕망의 형식화'에 대하여」, 『초기 소설사의 형성과정과 그 저변』, 소명출판, 2005.
최윤영, 「演戲詩〈復次韻〉〈驅儺行〉을 통해 본 고려시대 나례의 공연 양상」, 『돈암어문학』 18집, 돈암어문학회, 2005.
홍준기, 「불안과 그 대상에 관한 연구」, 『철학과 현상학 연구』 17집, 한국현상학회, 2001.

단행본
김광언, 『한국의 집지킴이』, 다락방, 2000.
김동국, 『회심곡 연구』, 한국학술정보, 2008.
金鉉龍, 『韓國古說話論』, 새문社, 1984.

류인균,『한국고소설에 나타난 오이디푸스 콤플렉스』, 서울대학교 출판부, 2004.

신태웅,『한국귀신연구』, 로고스, 1989.

安炳國,『鬼神說話硏究』, 규장각, 1995.

이부영,『한국민담의 심층분석』, 집문당, 1982.

이상경,『노·가부키의 미학 - 서양에 미친 일본 연구의 비교문학적 고찰』, 태학사, 2003.

이창재,『프로이트와의 대화』, 학지사, 2004.

李澤厚,『美의 歷程』, 尹壽榮 옮김, 東文選, 1991.

村山智順,『朝鮮의 鬼神』, 1929 ; 김희경 옮김, 東文選, 1990.

홍준기,『라캉과 현대철학』, 문학과 지성사, 1999.

황경숙,『한국의 벽사의례와 연희문화』, 월인, 2000.

Dylan Evans, *An Introductory Dictionary of Lacanian Psychoanalysis*, Routledge ;『라깡 정신분석 사전』, 김종주 외 역, 인간사랑, 1998.

Joseph Campbell, *Primitive Mythology*, Viking Penguin Inc. 1959 ; Arakana, 1991.

Kierkegaard, *Begrebet Angest*, 1844 ;『불안의 개념』, 임규정 옮김, 한길사, 2002.

Norma Lorre Goodrich, *Medieval Myths*, 1976 ;『중세의 신화』, 윤후남 옮김, 현대지성사, 1998.

Sigmund Freud, *New Introductory Lectures on Psycho-Analysis*,『새로운 정신분석강의』, 임홍빈·홍혜경 역, 열린책들, 2005.

Slavoj Žižek, *The Puppet and The Dwarf*, Cambridge, Mass.: MIT Press, 2003.